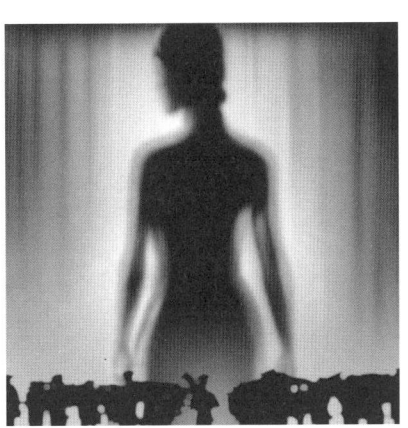

2013년 12월 13일 초판 1쇄

글 이영종
펴낸곳 (주)늘품플러스
펴낸이 전미정
편집주간 박수용
디자인·편집 하동현 남지현
교정·교열 이동익 손시한
출판등록 2008년 1월 18일 제2-4350호
주소 서울 중구 필동 1가 39-1 국제빌딩 607호
전화 070-7090-1177
팩스 02-2275-5327
이메일 go5326@naver.com
홈페이지 www.npplus.co.kr
ISBN 978-89-93324-59-4 03340
정가 13,000원

ⓒ 이영종, 2013

이 책은 저작권법에 따라 보호받는 저작물이므로 무단 전재와 무단 복제를 금지하며,
이 책 내용의 전부 또는 일부를 이용하려면 반드시 저작권자와 (주)늘품플러스의 동의를 받아야 합니다.

본 저서는 방일영문화재단의 지원을 받아 저술됐습니다.

김정일家의
여인들

목차

프롤로그 8
북한의 퍼스트레이디 12
평양 로열패밀리 가계도 13

버림받은 비운의 첫사랑

후계자의 마음을 훔친 유부녀 16
극비에 부쳐진 '5호댁', 성혜림의 사생활 18
연상녀를 좋아한 김정일 20
홍일천은 진짜 김정일의 첫 여자인가 21
성혜림과 고영희도 한때는 관심 밖의 여인 23
식어버린 사랑…… 모스크바에서 홀로 숨지다 24
우울증, 혜림을 병들게 하다 27

코드네임 '몽블랑'으로 불린 한국행 망명작전 29
아들을 잃은 성혜랑의 눈물 31
후계구도에서 밀린 아들 정남 33
아버지 눈 밖에 나다 35
김정남의 부인은 연예인 출신 명품족 37
자유분방함 보여준 손자 한솔 39
김정남 한국 망명 가능성에 촉각 42

절대 권력에 희생된 그녀들

불꽃같은 사랑으로 총살형을 당한 여배우 46
김정일의 화려한 여성편력 48
기쁨조와 만족조 51
북한 외교관의 기쁨조 충격 증언 52

노동신문에 뜬 남조선 된장녀 55
여자 몸무게 70kg에 기뻐한 김정일 56
김일성 죽음으로 몰락한 황후 58

'평양 어머니'로 불린 여인

'다카다 히메'에서 고영희로 64
베일에 싸인 김정일과의 첫 만남 66
김정은 유학생활 보살피던 이모는 미국 망명 67
'째포 출신'은 우상화의 아킬레스건 68
풀리지 않은 원산 미스터리 70
'존경하는 어머니'로 불리다 73

기록영화로 사후 공개된 생모 고영희 75
고영희 평양 운구, 파리의 한국 정보요원들이 개입 78
김정은, 유선암센터에 심혈을 기울인 사연 80
평양 대성산에 묻힌 고영희 82
심수봉 노래를 김정일과 함께 듣다 84

김정일의 최후를 지킨 여비서

김정일과 조용필 노래를 열창하다 88
북한 선전화보에서 지워진 여비서 90
김옥, 퍼스트레이디로 등장하다 92
김옥이 김정은 낳았다는 소문까지도 94
김정일의 마지막을 함께하다 97
뜻밖의 김정일 유고사태… 평양 권력이 긴장하다 99
'장군님 아주 자나?'에 담긴 의미는 101
'90세까지 활동'… 건경에 자신감 드러냈던 김정일 103

다시 담배를 꺼내 물다 105
김정일, "내 자식에 맡기고 싶지 않다" 발언의 속뜻 109
"내가 못하면 대를 이어 계속 혁명" 110
자신 빼닮은 아들 선택한 김정일 112
마침내 후계자로 낙점 받다 114
김정은 국제전화 감청으로 '결정적 힌트' 얻은 국정원 115
국정원, '김정은 후계'를 알리다 117

후계 둘러싼 평양판 '왕자의 난'

고영희 vs. 성혜림 소생들의 대리전 120
칼 겨눈 동생에 격노한 김정남… 망명설은 부인 121
후계 지명을 위한 44년 만의 당 대표자회 124
하루아침에 청년대장에서 북한군 대장 126
김정은의 첫 호칭은 '영명한 동지' 128
병역 면제자가 '청년대장'으로 둔갑 129
"장군님을 가장 빼닮은 분" 131
탈북 여교사의 깜짝 증언 133
"김정남 암살계획 중국이 제동" 135
형제 권력다툼에 옐로카드 꺼낸 오스트리아 당국 137
"후계는 오직 아버님만이 결정" 140
"5~6년 동거한 성혜림보다 28년 산 고영희 선택" 142

황태자 사로잡은 '평양 신데렐라'

23살 퍼스트레이디의 깜짝 등장 146
파격적 돌출행동에 관심 폭발 147
김정은 옆 미스터리 그녀 149
미키마우스 등장한 데뷔무대 151
본격화된 이설주 '신상 털기' 154
고려항공 파일럿의 딸 158
거침없는 위풍당당 그녀 160
목소리 없는 그녀… 풀리지 않는 의문점 163
청담동 며느리 패션 164
샤넬풍을 좋아하는 그녀 166
김정은·이설주의 스위스제 커플시계 168
평양 쇼핑센터에는 '라네즈' 브랜드가 등장 171
미 국무부의 축하 받은 김정은·이설주 커플 172
이설주 신드롬 서울까지 휩쓸다 175
'새 사모님'으로 불리다 177
비만설에서 임신으로 179
극비정보 전한 농구스타 로드맨 182
세단보다 SUV 즐기는 젊은 부부 186

김정은 후견인 '경희 고모'

여동생에게 대장 계급장 달아준 이유는 190
남편 장성택의 사람들로 채워진 김정은 권력 192
'믿을 건 가족뿐' 굳힌 김정일 194
장성택의 딸, 파리 유학 중 자살한 까닭은 196
불같이 뜨거웠던 김경희의 러브스토리 199
남한 폭탄주 먹고 몸 버린 장성택 200
장성택 조카를 사랑한 천재 피아니스트 203
납북 여배우 최은희가 본 김경희 205
김경희 건강이 김정은 권력 안정의 최대변수 207
고모 김경희 수렴청정 가능할까 209

평양 안방권력을 거머쥔 여걸들

행사장을 천방지축 누빈 그녀 212
백마 타고 나타난 평양의 알파걸 213
오빠 그늘에 가려 주목 받지 못한 유학생활 215
오빠의 일등 보좌관을 맡다 220
후계구도 변수로 주목 받다 222
백화점 관리인이 김정일 딸로 둔갑 223
김정일을 기다리게 한 여인 225
평양 뒤흔든 이설주 섹스 스캔들 226
이설주, 박근혜 대통령과 만날까 228

에필로그 232

프롤로그

북한 정권에서 최고지도자의 여인들은 대부분 얼굴을 드러내지 못했다. 은둔을 강요 받은 것이다. 2000년 6월 첫 남북정상회담 때, 김대중 대통령과 이희호 여사가 함께 갔지만 국방위원장 김정일은 혼자 나왔다. 정혼한 부인으로 알려진 김영숙은 한 번도 모습을 드러내지 않았다. 그저 고위 탈북자의 주장이나 해외 방북 인사의 단편적인 전언이나 목격 주장 정도가 흘러나왔을 뿐이다.

김정일의 첫 여자인 성혜림도 시아버지인 김일성에게 인정 받지 못하면서 존재감이 미미했다. 20대 미혼이던 김정일은 5년 연상인 유부녀 성혜림을 강제 이혼시켜 1969년께부터 동거했다. 2년 만에 장남 정남을 낳았지만 불과 몇 년 만에 김정일의 사랑은 식었다. 결국 성혜림은 우울증과 심장병에 시달리다 모스크바에서 쓸쓸히 숨졌다.

28년간 김정일과 함께 살았던 10년 연하의 고영희도 사망 때까지 얼굴이 드러나지 않았다. 김정일은 유선암에 걸린 고영희를 프랑스 파리로 보내 치료 받게 했다. 고영희가 현지에서 숨지자 특별기와 고급 관을 보내기도 했다. 그럼에도 부고조차 내지 않았다. 고영희가 생전에 김정일과 군부대 등을 함께 방문한 기록영화가 공개된 건 김정일이 죽고 김정은이 권력을 넘겨받은 2012년 들어서였다.

김일성의 후처인 김성애는 여성동맹위원장 등을 맡아 활동했고 1975년 5월 김일성의 루마니아 순방 등에 동행했다. 그녀는 '평양 치맛바람'이란 지탄을 받을 정도로 권세를 부렸다. 하지만 80년대 들어 후계자가 된 김정일이 계모와 그 소생을 '곁가지'라고 배척하자 전면에서 사라졌다.

김일성은 사망 한 달 전인 1994년 6월 지미 카터 전 미국 대통령 부부의 방북 때 김성애를 동반했다. 김정일도 사망 직전 중국·러시아 방문에 마지막 여인이던 김옥을 비공식 동행했다. 이를 두고 김일성과 김정일 모두 자신의 운명을 예감한 듯, 베일에 싸여 있던 배우자를 마지막으로 국제사회에 선보이는 서비스를 한 것이란 얘기가 회자됐다. 그뿐이었다. 권력자의 퇴장과 함께 두 여인은 전면에서 사라지는 운명을 맞았다.

그런데 오랜 금기가 깨졌다. 북한의 최고지도자 김정은에 의해서다. 그는 부인 이설주를 공개석상에 동반했다. 관영 매체들을 통해 '부인 이설주 동지'라고 안팎에 알렸다. 거침없는 이설주의 파격행보가 북한 주민들뿐 아니라 해외언론의 관심거리가 됐다. 이를 두고 김정은 체제의 북한이 개혁·개방으로 나오기 위한 전주곡이 아니냐는 관측이 한때 제기되기도 했다. 핵·미사일 도발 위협과 대남·대미 강경행보가 이어지며 곧 실망으로 바뀌었지만, 이설주에 대한 관심은 여전히 식지 않고 있다.

김정은의 여동생 여정도 종종 공개석상에 모습을 드러내면서 그녀의 역할이 뭘까에 관심이 쏠리고 있다. 김정은의 고모 김경희도 노동당 비서 직책으로 공개활동을 이어가면서 김정은 권력기반 구축을 위한 후견인 역할을 맡았다. 특히, 그녀의 남편이자 오랜 권력 실세인 장성택이 2013년 12월 숙청되면서 김정은 체계의 권력구도가 요동치고 있다. 그 핵심에 김경희가 서있다.

얼굴을 알리지 않은 채 권력의 담장 너머에서 숨죽이며 살아가던 평양 로열패밀리의 여인들이 움직이기 시작했다. 그녀들은 절대권력자를 단숨에 사로잡아 불꽃같은 사랑을 맛보았다. 자신의 소생을 후계자로 만들기 위한 숨 막히는 음모와 투쟁도 있었다. 하지만 어느 순간 버림받고 잊히는 고통의 숙명을 맞아야 했다.

지금 평양에는 김정은 시대가 열려 안착을 위한 몸부림 중이다. 권력의 핵심부에서 그녀들이 어떤 역할을 해 나갈지, 또 운명의 수레바퀴 속에서 어떤 부침을 맞게 될지 주목된다.

북한의 퍼스트레이디

( ) 안은 사망연도 및 나이

김일성 국가주석 (1994년)

김정숙 (1949년)
김정일의 생모
김일성의 항일 빨치산 활동 동료로 선전
김일성·김정일과 백두산 3대 장군으로 찬양, '김정숙 어머님' 호칭
김정일이 후계자로 자리를 굳힌 후 '조선의 어머니'로 우상화

김성애 (89세)
김일성의 후처, 기술서기(타이피스트) 출신으로 53년 결혼
평남 출생, 김일성대 졸업
전 조선여성동맹 위원장
94년 6월 김일성과 함께 카터 전 미국 대통령 부부 영접
97년 김일성 3주기 행사 끝으로 행방 묘연

김정일 국방위원장 (2011년)

성혜림 (2002년)
영화배우 출신
경남 창녕 출생으로 월북
정혼해 남편이 있었으나 김정일이 강제 이혼시킨 뒤 동거
장남인 정남을 낳았으나 김정일에게 버림받고 모스크바에서
우울증·심장병 치료 중 사망

고영희 (2004년)
만수대예술단 무용수 출신
일본 오사카 출신 북송 재일교포
김정은의 생모, 사후 '평양의 어머니'로 불리고 묘지 성역화·기록영화
공개 등 우상화

김옥 (49세)
보천보악단 피아니스트 출신
평양 출신, 기술서기(비서)로 발탁됐다 동거
2011년 김정일 중·러 방문 시 동행하면서 첫 공개
김정일 장례식과 추모행사에 등장

김정은 국방위 제1위원장 (28세)

이설주 (24세)
은하수관현악단 가수 출신
함북 출신설에 평범한 가정
평양 금성제2중학 출신, 중국 유학(성악 전공)
2005년 인천 아시아육상선수권대회 응원단으로 남한 방문
직책 부여 여부 미확인
김정은과 2009년 정혼, 북한 관영매체 '부인 이설주 동지'로 호칭

평양 로열패밀리 가계도

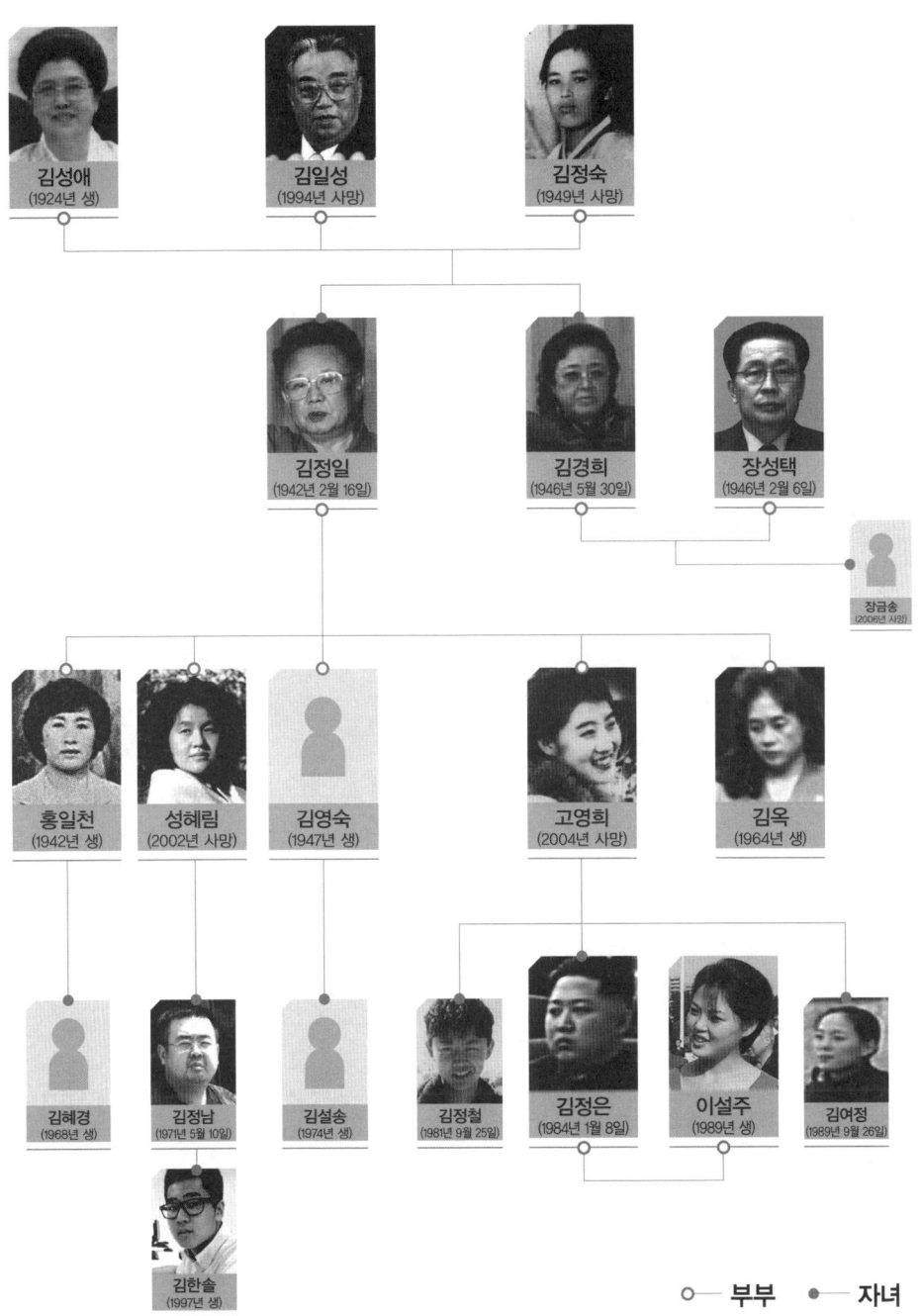

버림받은 비운의 첫사랑

후계자의 마음을 훔친 유부녀

성혜림은 1960년대 가장 잘나가던 북한 영화배우였다. 평양 국립영화연극대를 나온 그녀는 〈분계선 마을에서〉, 〈인민교원〉, 〈폭풍시절〉 등의 주연을 맡으면서 은막의 스타로 화려한 젊은 시절을 시작했다. 본래 그녀의 고향은 남쪽으로 월북가족이었다. 경남 창녕 부호인 성유경1982년 사망과 김원주1994년 사망 사이의 1남 3녀 중 차녀로 태어난 혜림은 서울에서 성장했다. 북한으로 넘어간 건 해방과 한국전쟁 사이인 1948년이다.

국립영화연극대 출신의 성혜림은 개성 있는 미모와 연기력으로 주목 받았다. 1969년에는 영화 〈안개 흐르는 새 언덕〉의 주연배우로 프놈펜 영화축전에 참가한 적이 있을 정도로 유명세를 떨쳤다. 영화광으로 알려진 김정일은 후계자로 내정되기 직전 시기인 20대 중후반 예술영화촬영소에 자주 나가 영화제작을 지도했다. 그는 그럴 때마다 성혜림을 각별하게 챙겼다. 공훈배우 칭호를 주고 노동당에 입당시키는 배려를 해주는 등 환심을 사려고 애썼다.

영화 〈분계선 마을에서〉의 성혜림

김정일이 성혜림을 처음 만난 것은 영화촬영 때문이 아니었다. 당시 성혜림은 이미 다른 남자와 결혼한 몸이었다. 그녀는 소설 『땅』

으로 유명한 월북작가 이기영전 문화예술총동맹 중앙위원장, 1984년 사망의 맏며느리였다. 당시 최고 권력자였던 수상의 아들이던 김정일은 이기영의 둘째아들이자 친구인 이종혁과 어울렸다. 남산고등중학교 시절 오토바이를 타고 친구의 집에 드나들던 김정일은 친구 종혁의 형수 혜림에게 한눈에 반했다. 성혜림은 김정일보다 5살 연상의 여인이었다. 성혜림의 언니 혜랑은 서방 망명 후인 2000년 펴낸 책 『등나무집』에서 "김 위원장에게 친구 형수인 혜림의 인상은 모성의 향수 같은 것을 불러일으켰을지 모른다"며, "혜림은 엄마 없이 자란 그김정일의 어린 시절과 아버지의 세도 밑에서 고독하게 헤매던 그의 청춘을 이해해 주었다"고 회고했다. 실제 김정일의 생모인 김정숙과 성혜림은 비슷한 스타일과 이미지를 갖고 있던 것으로 나타난다. 이런 점이 최고 권력자의 아들인 청년 김정일의 마음을 뒤흔들어 버린 것이란 얘기다.

김정일은 성혜림을 차지하기 위해 이혼수속을 밟게 한 뒤 몰래 살림을 차렸다. 이에 대해 북한 전문가 이기봉은 1993년 펴낸 『김정일 그는 어떤 인물인가』란 책에서 "성혜림은 중앙당을 통해 남편 이평과 강제로 이혼, 김정일과 내연의 관계를 계속하고 있으며 두 사람 사이에 태어난 아들 김정남과 함께 모스크바에 살고 있다"고 기술했다.

졸지에 절대 권력자의 후계자에게 아내를 빼앗긴 성혜림의 남편 이평은 충격을 이기지 못하고 대동강 물에 몸을 던져 자살한 것으로 전해진다. 당시 형수를 빼앗긴 김정일의 친구 이종혁은 북한의 금강산관광사업 등 굵직한 대남 프로젝트를 총책임졌던 조선아시아태평양평화위원회 부위원장이다. 형수를 빼앗고 형의 목숨까지 앗아간 김정일. 그의 두터운 신임을 받으며 이종혁은 승승장구했다. 풀리지 않는 미스터리다.

극비에 부쳐진 '5호댁', 성혜림의 사생활

김정일의 여인이 된 성혜림과 관련한 사안은 모두 비밀에 부쳐졌다. 관련 내용을 알고 있다는 이유로 은둔을 강요 받거나 불이익을 당한 사람들도 적지 않다. 일부 탈북인사들은 성혜림에 대한 이야기를 전한다. 무용수 출신의 탈북자 김영순 씨도 그중 하나다.

그는 성혜림이 자신의 둘도 없는 친구였고, 혜림이 김정일의 여자란 점을 발설했다는 죄목으로 정치범 수용에서 9년 동안 수감됐다고 주장한다. 그녀는 2012년 7월 27일 JTBC와의 인터뷰에서 "성혜림은 차분한 천상여자였다"며, "웃으면 양쪽 보조개가 들어가 꼬리눈이 됐다"고 회상했다. 또 "귀여워 보이고 키는 크며 동안이었다"며 "성혜림은 나와 동갑이고 김정일보다 6년 연상"이라고 말했다. 북한은 1941년 소련 병영에서 태어난 김정일을 1942년 백두산에서 태어났다고 선전하고 있는데, 김정일과 성혜림의 나이 차이를 5년 혹은 6년으로 엇갈리게 얘기하는 건 이 때문으로 보인다. 김영순 씨는 11년제 중학교를 혜림과 같이 다녔다고 한다. 김 씨는 무용학부였고 성혜림은 영화연극부였다는 것이다.

한국전쟁이 발발하자 북한의 고위 간부 가족들은 중국으로 피난한 경우가 많았는데 당시 성혜림 어머니 김원주가 한 신문사의 주필이라 함께 중국에 머물게 됐다고 한다. 김영순 씨는 전쟁 당시 서울을 점령했던 북한군 사단 참모장의 누이동생이라 간부가족에 포함돼 중국으로 갈 수 있었다는 얘기다.

성혜림이 김정일의 여자로 되는 과정을 김영순 씨는 구체적으로 언급했다. 당시 성혜림이 김 씨의 옆집에 살던 차기룡 영화촬영소 소장 집에 왔다가 돌아가던 길에 "나 5호댁에 간다"고 말했다는 것이다. 김영순 씨는 "5호댁은 김정일, 김일성 직계 가족을 말한다"고 주장했다. '남편은 어떻게 하고?'라는 물음에 성혜림은 아무런 대답을 하지 않았다고 한다. 그때 본 게 마지막이었다.

하지만 당시 성혜림이 김 씨에게 이런 언급을 한 사실이 포착되자 북한 당국은 누설을 우려해 정치범을 가두는 요덕수용소로 김 씨 일가족을 끌고 갔다. 1970년 8월 1일부터 두 달간 보위부 조사를 받으면서 성혜림과 있었던 일들을 모두 적어내야 했다. 1989년에 다시 불려간 김영순 씨에게 "성혜림은 김정일의 처도 아니며 아들도 낳지 않았다. (성혜림 관련 문제를) 어디에다 유포하면 가만두지 않겠다"는 경고를 했다. 북한 당국이 그만큼 김정일의 여자문제에 대해 민감하게 받아들였다는 주장이다.

연상녀를 좋아한 김정일

"정말 잘 했구먼, (남편 될 사람) 나이가 아래면 더 좋지 않소."

김정일이 이렇게 말하자 방 안에는 웃음소리가 차 넘쳤다. 2001년 9월 평안남도 신흥군 중평협동농장의 6작업반을 방문한 김정일. 그는 발전기 운전공으로 일하는 김효봉의 집안에 들러 식구들에 대해 하나하나 소상히 물었다. 그런데 그 집에는 시집을 가지 못한 셋째 딸이 있었다. 김정일은 부끄러워하는 셋째 딸에게 "나이는 몇 살인가", "왜 시집은 안 가는가"를 물었다. 딸이 "처녀시절 더 많은 일을 하고 시집가려 한다"고 하자 김정일은 "기특한 생각이라고" 칭찬을 했다. 그리고는 부모들에게 "그래도 딸이 나이가 찼는데 제 꺽 시집을 보내야 하지 않겠느냐"며 말했다.

김정일은 이런저런 얘기 끝에 같은 마을에 나이는 아래지만 같이 살자고 약속한 총각이 있다는 말을 듣게 된다. 그러자 그는 기뻐하면서 "정말 잘했구먼. 나이가 아래면 더 좋지 않소"라고 말했다. 그리고는 딸이 결혼하면 혼수에 쓰도록 천연색 텔레비전 수상기컬러TV 한 대를 주라고 수행한 간부에게 지시했다.

북한 조선중앙방송이 2005년 2월 13일 보도한 이 이야기는 인민들의 생활 하나하나를 챙기는 자상한 지도자의 이미지를 부각시키려는 의도에서 나온 것으로 보인다. 하지만 김정일이 "나이가 아래면 더 좋지 않소"라고 말한 게 눈길을 끈다. 김정일의 첫사랑이 연상의 여인이란 점에서다.

성혜림은 김정일보다 5살이 많았다. 김정일은 1942년생이고 성혜림은 1937년생이다. 김정일의 생생한 언급을 통해 그가 연상녀와 연하남 커플에 대해 꽤 개방적인 생각을 갖고 있음을 엿볼 수 있다.

홍일천은 진짜 김정일의 첫 여자인가

성혜림이 김정일의 첫 여자였다는 점에 대해서는 반론이 있다. 대표적인 건 김정일이 호위총국우리의 대통령 경호실 지도원으로 있을 당시인 1966년 김일성종합대학 노문학부를 나온 혁명가 유자녀遺子女 홍일천과 결혼, 딸 하나를 낳았다는 설이다. 홍일천 역시 김정일보다 3살 연상이다. 이기봉의 책 『김정일 그는 어떤 인물인가』에 따르면 김정일은 결혼 후 홍일천을 안중에 두지 않고 다른 여성들과 바람을 피우고 손찌검까지 예사로 했다고 한다. 이 때문에 파경에 이르렀고, 1973년 역시 혁명유자녀인 김영숙과 재혼해 아들 하나와 딸 둘을 낳았다는 얘기다.

홍일천이 김정일의 첫 여자였다는 주장은 한동안 검증되지 않은 설로 받아들여졌다. 하지만 2000년대 들어서면서 우리 관계당국의 비공개 김정일 가계도에 홍일천이 성혜림보다 앞서 가장 먼저 혼인이나 사실혼 관계에 있는 여성으로 오르면서 정설로 굳어지고 있다. 미 정보당국 등이 작성해 행정부 대북 관련 참고자료로 활용하고 있는 대외비 정보서비스망인 '오픈소스 센터Open Source Center'의 김정일 가계도에도 홍일천은 등장한다. 이에 비해 통일부에서 만든 『북한주요인사 인물정보』를 비롯한 자료에는 홍일천이 빠져 있다.

그런데 홍일천은 1977년 12월 우리의 국회의원격인 최고인민회의 6기 대의원에 오른 뒤 1986년 11월 8대 대의원까지 3선을 하고, 1980년 4월에는 교육위원회 보통교육부 부부장을 맡는 등 활발한 대외 공개활동을 했다. 또 1991년 9월에는 북한의 대표적인 교육대학인 김형직사범대학 학장을 맡는다. 1996년 10월 11일 북한 교육대표단장 자격으로 일본 도쿄의 조선대학교를 방문한 소식은 조총련 기관지 조선신보에 사진과 함께 실리기도 했다. 2012년 7월 김형직사범대 학장 해임 사실이 파악되기 전인 2011년 7월에는 김일성 사망 17주기 청년학생 회고모임에 참석한 적도 있다. 이런 점을 들어 일각에서는 홍일천이 김정일의 여자였고, 불편한 관계 때문에 갈라섰다는 관측은 검증이 필요하다는 지적도 제기한다. 북한체제의 특성상 최고지도자의 여자였던 인물이 공개활동을 활발히 하고 교육계에게서 두각을 나타내는 인물로 자리하기는 쉽지 않았을 것이란 측면에서다.

통일부 등 정부 대북부처의 북한 인물파일에는 홍일천이 1939년 함남 출생이고 김일성종합대학 경제학부를 졸업한 것으로 되어 있다. 1993년 1월부터 조국통일범민족연합(범민련) 북측 본부의 중앙위원을 맡고 있는 것으로 나타난다.

성혜림과 고영희도 한때는
관심 밖의 여인

　흥미로운 건 김정남을 낳은 성혜림과 김정은의 생모인 고영희에 대해 1990년대까지도 불륜관계나 여성편력 수준에서 다뤄지고 있는 점이다. 홍일천과 김영숙을 정혼한 부인으로 언급하고 있는 것과 차이가 난다. 김정일의 문란한 여자관계를 비판하는 내용이 담긴 우리 관계당국의 당시 자료에는 첩보사항을 토대로 한 구체적인 사례들이 등장한다. 모두 아홉 가지의 케이스 중 성혜림이 첫 번째로 등장하고 고영희는 5번째로 나온다. 성혜림과 관련해서는 "김정일이 조직지도 및 문화예술을 담당하고 있을 때인 70년대 초 영화배우 성혜림_{당시 19세}을 농락, 아들을 낳았다"고 소개한다. 또 성혜림은 김정일이 남산고등중학교 재학시절 친구_{월북작가이자 전 문화예술총동맹 중앙위원장 이기영의 아들} 집에 자주 놀러 다니면서 알게 된 친구의 형수라면서, 성혜림은 중앙당을 통해 남편 이평과 강제로 이혼, 김정일과 내연관계를 계속하고 있으며, 두 사람 사이에 태어난 아들 김정남과 함께 모스크바에 살고 있다고 밝히고 있다.

　또 고영희에 대해서는 "1990년 북한 유도협회 초대회장 고태문_{북송 교포}의 딸인 만수대예술단원 고정자_{일명 고영희, 당시 19세}를 농락, 딸을 하나 낳았다"고 짤막하게 기술하고 있다.

　성혜림에 대해서는 김성일의 여자가 되는 과정을 비교적 상세히 파악해 소개하고 있는 데 반해 고영희의 경우 그렇지 못했음을 알 수 있다. 특히 고영희의 부친이 고태문이란 주장은 이후에 우리 정보당국의 추가적인 첩보 수집을 통해 잘못된 정보임이 밝혀졌다. 1999년 사망한 재일교포 출신 고태택의 딸이 맞다는 것이다. 고태문과 고경택 모두 제주 출신의 북송 재일교포라는 점 때문에 빚어진 혼선이었다.

물론 고영희가 북송 교포의 딸이고 만수대예술단원 출신이란 점 등은 사실에 부합하는 정보다. 아들 정철, 정은과 딸 여정 중 막내인 딸에 대한 문제만 드러나고 있었다는 건 그만큼 고영희의 소생들이 후계문제와 관련해 관심권 밖에 있었다는 점을 보여준다. 김정일의 여인들과 그 소생들에 대해 철저하게 비밀을 유지한 북한체제의 특성상 구체적인 정보가 담길 수 없었던 건 어쩌면 당연한 일일 수 있다.

식어버린 사랑……
모스크바에서 홀로 숨지다

최고 권력자에 등극할 청년 김정일의 성혜림을 향한 사랑은 평양을 떠들썩하게 할 정도였다. 당시 핵심 고위층 사이에서는 수상인 김일성의 아들이 여자문제로 말썽을 일으키고 있다는 얘기가 암암리에 퍼졌다. 성혜림의 언니 성혜랑은 바로 곁에서 이를 가장 잘 지켜본 인물이다. 그녀가 자전적인 책 『등나무집』에서 전한 1971년 5월 10일의 일은 김정일·성혜림 러브스토리의 절정이라 할 수 있다.

"나는 잠결에 수상쩍은 자동차 경적소리를 들었다. 빵— 빠아

앙— 짧게 한 번 길게 한 번……. 벌떡 일어나 창턱으로 다가가 아래를 내려다보았다. 우리 집은 4층이었다. 어둠 속에서 덩치 큰 시커먼 승용차가 바로 내 창 밑에 있는 게 보였다. (중략) 사진에서 본 김정일 비서였다. '이제 금방 혜림이가 아들을 낳았어!' 그는 툭 반말을 했다. 그의 얼굴에는 기쁨이 흐르고 있었다."

그러나 눈 먼 사랑으로 불같이 일어났던 행복은 오래가지 않았다. 무엇보다 시아버지 김일성으로부터 며느리로 인정 받지 못한 것이다. 수령의 장손자라 할 김정남을 낳고도 축복 받지 못했다. 출산 과정에서도 북한 최고위층들이 이용하는 평양 봉화진료소를 뒷문으로 드나들어야 하는 등 어려움을 겪은 것으로 전해지고 있다. 김정일의 불장난 같은 사랑도 오래가지 않아 뜨거움을 잃고 식어버렸다.

김정일은 70년대 중반 북송 재일교포 출신인 무용수 고영희에 빠져버렸다. 성혜림과는 자연스레 멀어졌다. 숨겨진 동거녀에 불과했던 성혜림과 달리 고영희는 퍼스트레이디로서 대우 받았다. 시아버지인 김일성으로부터 인정 받은 어엿한 로열패밀리의 며느리로 안방을 차지했다. 정혼한 김영숙도 밀려날 정도였다.

이런 모습을 목도하며 실연의 아픔을 삭여야 했던 성혜림은 심각한 우울증에 시달렸다. 혜림은 언니 성혜랑 등 측근과 함께 은밀하게 서방세계를 여행하며 마음을 달랬다. 자연스레 모스크바와 스위스 등 유럽지역에 체류하는 경우가 많아졌다.

1996년 2월에는 성혜림이 제3국으로의 망명했다는 주장을 조선일보와 월간조선이 함께 내놓아 발칵 뒤집히기도 했다. 김일성 사망으로 권력을 거머쥐었지만 이듬해인 1995년 대홍수로 체제위기까지 치닫던 김정일 정권에게 '성혜림 망명'은 결정적 타격이 될 수 있었다. 일각에선 체제붕괴의 전주곡으로까지 해석됐다. 성혜림의 행방에 온 세계의 눈이 쏠렸다.

그러나 같은 해 7월 말 '성혜림은 망명 의사가 없었고 다시 모스크바로 돌아갔다'고 한국과 러시아 소식통들이 잇따라 밝혀 분위기가 반전됐다. 크렘린 소식통은 "성혜림 등 성씨 일가가 제네바에 간 것은 사실이지만 성혜림은 모스크바로 돌아가 북한의 영향력이 미치는 지역에서 관계 요원들의 보호를 받고 있다"고 전했다.

이후 그녀의 행적에 대한 관심은 잦아들었다. 곧이어 성혜랑이 자서전에서 "서방으로 탈출한 것은 나와 딸 이남옥뿐"이라고 밝혀 성혜림 망명 파동은 일단락됐다. 관계당국의 고위 인사는 당시 사태와 관련해 "일부 언론의 섣부른 망명설 보도로 성혜림은 사실상 영어(囹圄)의 몸이 되면서 오랜 은둔생활을 강요당할 수밖에 없었을 것"이라고 말했다. 망명설 보도 등을 계기로 성혜림은 북한 당국의 철저한 감시 아래 들어갔고, 행적 자체가 오리무중의 상태가 되었다. 결국 그녀는 심장병 치료를 위해 머물던 모스크바의 한 병원에서 지켜보는 가족도 없이 파란만장했던 생을 마감했다. 2002년 7월, 그녀의 나이 65세였다.

모스크바에서의 성혜림

우울증,
혜림을 병들게 하다

　말년의 성혜림이 어떻게 병마에 시달렸는지는 아들 김정남의 증언을 통해서도 엿볼 수 있다. 그는 2011년 3월 일본 언론인 고미 요지五味洋治에게 보낸 이메일에서 "몇 살 때인지는 정확히 기억나지 않지만 제가 어릴 적에 어머님께서 병 치료를 하러 모스크바에 갔다"며, "어머님께서 어떤 경우에 자기감정을 자제하지 못하고 드러내 주변 사람들을 곤란하게 만들었는지 알지 못한다"고 말했다. 김정남은 "만약 그러셨다면 그것은 당시 앓고 계시던 우울증 때문이 아닌가 생각한다"고 덧붙였다. 김정남은 성혜림을 "유머감각이 뛰어나신 분"이라고 기억했다.

　하지만 김정남은 일주일 뒤 메일에서는 "저의 어머님께서 병세가 심할 때 주변 사람들이 무척 힘들어 하던 기억이 난다"고 말을 바꿨다. 그는 "우울증 자체도 괴로운 병이지만 주변 사람들까지 힘들게 하는 병이란 것을 잘 알고 있다"고 말해 성혜림이 말년에 우울증으로 심각한 상태였음을 알 수 있게 했다.

　김정남은 또 "어머님이 모스크바로 간 이유는 당시 북한이 공산주의 모국인 소련의 기술·의술 등을 선호하고 있었기 때문"이라며, "그때는 아마도 북한이 서방의 선진의술을 이해하지 못했던 것 같기도 하다"고 말했다. 그는 "저도 당시 가끔 모스크바를 여행하며 어머님을 뵌 적이 있다"며 "오랜 기간 타향에 홀로 살다 돌아가신 어머님에 대한 회한이 크다"고 강조했다.

성혜림의 장례식에 김정일은 아무도 보내지 않았다. 그녀는 모스크바 서쪽 트로예쿠롭스코예 묘지에 묻혔다. 이국에서 쓸쓸하게 어머니를 여읜 김정남의 아픔은 남다를 수밖에 없다. 김정남은 무덤 뒷면에 묘주로 자신의 이름을 새겨 어머니에 대한 그리움과 못다한 사랑을 표현했다. 북한 당국은 최준덕이란 인물을 묘지기로 현지에 남겼다. 북한에서 주치의로 성혜림을 돌봤던 최준덕은 성혜림의 모스크바행에 자청해서 따라왔고 성혜림이 숨지자 그대로 남았다. 2009년 8월 한국의 한 일간신문에 '성혜림의 묘가 잡초와 낙엽이 쌓여 무연고 묘를 연상케 한다'는 보도가 실렸다. 이를 본 김정남은 극도의 분노를 표출했다고 한다. 김정남은 "자기 어머니 묘 하나 관리하지 못하는 불효자식이라고 세계 사람 앞에서 망신당했다"며 펄쩍 뛰었다. 그리고 즉시 모스크바로 날아가 묘지기 역할을 한 '최 영감'을 멱살잡이까지 한 것으로 전해지고 있다.

성혜림의 언니 성혜랑은 1996년 유럽의 한 국가로 망명해 신분을 감춘 채 살고 있으며 혜랑의 딸 남옥 씨 부부는 앞서 1992년 서방국가로 망명했다. 성혜랑의 아들 이한영은 1982년 한국으로 망명했다. 이한영은 저술과 인터뷰 등을 통해 김정일을 비롯한 평양 로열패밀리의 내밀한 생활을 공개해 화제가 됐다. 북한 당국의 미움을 사 신변에 위해가 될 수 있다는 관계당국의 조언에 따라 성형수술을 하기도 했다. 하지만 이한영은 1997년 2월 경기도 분당의 자택 문 앞에서 '순호조'로 불린 북한 공작원들로부터 총격을 받아 숨진 것으로 관계당국은 발표했다.

코드네임 '몽블랑'으로 불린
한국행 망명작전

이한영의 한국행을 둘러싸고는 여러 의문이 일었다. 평양 로열패밀리의 멤버로서 굳이 북한을 자극할 수 있는 서울 망명을 택할 필요가 있었겠느냐 하는 점에서다. 그가 자기 뜻에 의해 망명한 게 아니라는 주장도 그중 하나다.

이한영의 한국행 과정에서 벌어진 남북 간 숨 막히는 외교전은 31년이 흐른 2013년 그 전모가 공개됐다. 4월 31일 공개된 정부 외교문서를 통해서다. 당시 문건에는 이한영의 한국행 작전을 '북한 공작원 김영철 망명사건'으로 기록됐고, '몽블랑'이란 암호명이 부여됐다.

본명이 이일남인 이한영은 김영철이란 가명으로 1982년 9월 28일 오전 9시 50분현지 시간 스위스 제네바 주재 한국대표부에 망명을 요청했다. 서울 외무부현 외교부에 '몽블랑 보고'란 비밀 전문電文이 타전된 건 약 9시간 뒤인 1982년 9월 28일 오후 7시현지 시간. 제네바 대표부는 전문에서 "28일 오전 9시 50분 북괴 공작원 김영철로부터 전화로 아국我國 귀순 요청을 받았다"고 보고했다. 전문은 "김영철은 제네바대 병설 어학속성과 연수를 위해 체류 중인 북한 당 연락부 무소속 공작원"이라며 "이민영·이일남 명의의 여권도 소지하고 있다"고 밝혔다. 이씨가 평양 로열패밀리란 사실을 처음에는 파악하지 못했던 것이다.

이씨는 이후 5개국프랑스 → 벨기에 → 독일 → 필리핀 → 대만 등을 거쳐 10월

1일 김포공항에 도착했다.

서울 보고 후 제네바 대표부 담당 공사와 참사관 등 6명은 이한영을 데리고 자동차 2대에 나눠 탄 채 국경을 넘어 가장 가까운 국제공항이 있는 프랑스 리옹으로 향했다. 대표부는 '주재국스위스 밖으로 긴급 호송한 배경'을 묻는 외무장관의 물음에 "김영철이 주재국을 통한 귀순을 극력 반대했고 (북측 귀가 점검 시간인) 13시 전에 프랑스로 출국하기를 강력히 희망했다"고 답신했다.

이에 외무부 본부는 "제3국의 아국 공관에 망명을 요청한 것으로 해서 김영철을 합법적으로 서울로 호송하는 방법을 검토하라"고 훈령을 내렸다. 이씨 일행은 하루 뒤인 29일 오전 4시 50분 현지 시간 파리의 한국대사관에 도착해 가명의 여행증명서를 발급 받고 10분 만에 공관을 떠났다. 그리고는 당일 오전 10시 30분 벨기에 한국대사관에 도착했다.

외무부는 벨기에 정부에 망명을 요청하려 했지만, 벨기에 주재 대사는 본국의 전문이 도착하기 전 이씨 일행을 필리핀을 통해 서울로 보내기로 결정했다. 이한영 일행은 독일 프랑크푸르트를 거쳐 30일 오후 5시 10분 마닐라에 도착한 뒤 대만을 경유해 10월 1일 오후 4시 30분 대한항공 KE616편으로 김포공항에 도착했다.

제네바 북한 대표부는 발칵 뒤집혔다. 10월 7일 신현림 북한 공사는 우리 측에 "28일 가출해 소식이 없는 19세 북한 외교관 아이를 찾는 데 도와 달라. 처음에는 남한 측이 장난놀음을 하는 게 아닌가 하고 의심했다"고 말했다. 당시 한국에 도착해 있던 '김영철'은 이한영으로 개명한 상태였다. 한영韓永은 '한국에 영원히 살고 싶다'는 의미로 지은 이름이란 게 관계당국의 설명이었다.

아들을 잃은 성혜랑의 눈물

이한영의 한국행과 북한 공작원에 의한 피격 사망을 보는 그의 어머니, 성혜랑의 생각은 어떨까. 그녀의 자전적 글 『등나무집』에는 아들에 대한 애틋한 마음과 그를 데려간 한국 정부에 대한 원망이 짙게 묻어난다.

이 책의 후기에서 성혜랑은 1996년 2월 자신이 북한을 벗어나 서방으로 탈출하는 과정에서 서울의 아들과 접촉하기 위해 무던히도 애쓰던 상황을 묘사하고 있다.

"1996년 2월 13일 서울에서는 언론들이 '북한 최고지도자 김정일의 전처 성혜림과 그의 언니 성혜랑의 북한 탈출'이라는 톱뉴스를 온 세상에 날렸다. 내 동생이 떠났다는 것은 오보이고, 어쨌거나 나의 탈출은 이렇게 세상에 알려졌다. 나는 그때 어느 나라에 밀입국하여 아직 거처도 정하지 못한 채 현지당국도 모르게 숨어 있던 때였다. 놀라고 실망하고 한마디로 분했다. 적아의 논리로 보더라도 나 같은 처지의, 그것도 어느 정도 '내통한 모스크바에 오빠가 왔을 때' 탈북자를 이렇게 가차 없이 팔아먹는 법이 어디 있담. 2월 13일의 오보는 북한 지도자 김정일의 생일2월 16일을 앞두고 남한 정권이 연례행사로 벌이는 '반反김 캠페인'이다. 나는 그 봄과 여름, 서울에 그 어떤 연락도 못하고 남의 다락방에 숨어 있었다. 어디에 정착할 것인가도 미정이었고, 그런 와중에도 서울에 있는 아들 생각뿐이었다. 내가 무사히 빠져나왔다는 것을 알리고 싶은데 무서워서 전화를 걸 수 없었다."

성혜랑은 당시의 긴박했던 상황을 소상하게 적었다. 이어 망명 소동 후, 꼭 일 년 뒤 총격으로 사망한 아들의 죽음에 대해 이렇게 말했다.

"여하튼 내 아들의 죽음은 지금도 미해명이다. 정권이 바뀌고 세상이 달라져 지금 인터넷에는 자주 그 의문사의 내막을 제기하는 목소리가 나온다. 시간이 가면 진실은 밝혀지지 않을까……. 더 맘 놓고 말할 수 있는 날이 오면 양심선언이라도……."

그리고는 이렇게 글을 맺고 있다.

"나는 인터넷을 뒤져 내 아들의 현주소도 찾아 냈다. 경기도 광주시 오포면 광주공원묘지 이한영. 일남아, 좀 더 기다려. 엄마가 너를 찾아가서 너의 집에 채송화를 잔뜩 뿌려 주마. 너는 작고 미미한 것을 좋아했지. 다리 못 쓰는 새끼고양이라든가, 귀뚜라미 같은. 엄마는 다 안다, 다 기억한다. 네가 떠나기 전 내 앞에 앉아 석쉼한 목소리로 부르던 〈마음의 고향〉. '자, 엄마! 이 노래대로 피아노 쳐 봐'

81년 8월 19일 김정일이 장남 김정남(앞줄 오른쪽)과 처형인 성혜랑 가족과 촬영한 사진. 뒷줄 왼쪽부터 성혜랑, 딸 이남옥, 아들 이한영

하고 내 손을 건반으로 끌었지. 제네바 4층집에서 말이다. 아, 나의 아들 내 나라는 얼마나 먼 곳에 있는가……."

후계구도에서 밀린 아들 정남

성혜림의 아들 김정남은 2001년 5월 일본에 밀입국하다 붙잡히면서 국제사회의 이목을 집중시켰다. 모스크바와 제네바에서 유학하고, 160㎝ 키에 90㎏ 체격을 가진 김정남은 단숨에 세계 언론의 톱뉴스를 장식했다. 정남은 당시 위조여권을 소지한 채 아들로 추정되는 네 살배기 남자아이와 여성 두 명을 대동하여 일본에 들어가려다 들통이 났다. 당시 한국과 일본의 언론들은 북한 유일 민항사인 고려항공 사장의 딸이라고 알려진 김정남의 부인 신정희는 동행하지 않고 베이징에 머물고 있었다고 보도했다. 부인 등으로 관측됐던 두 명의 동행 여성은 북한 외무성 소속 일본어 통역과 보모 역할을 하는 친척이었다는 얘기다.

김정남이란 인물에 대한 관심이 폭발할 때 그의 이모인 성혜랑이 2001년 5월 일본 시사잡지 주간문춘과의 인터뷰에서 털어놓은 이야기는 세간의 관심을 끌었다. 김정남의 생모 성혜림의 언니인 성혜랑은 서방으로 망명해 신분을 감추고 살고 있었다. 성혜랑은 "북한을 떠나온 뒤 5년간 정남을 보지 못해 확실치 않지만 그 당시는 이렇게 뚱뚱하지 않았다"며, "6세까지 함께 살았지만 정남이가 결혼해서 이렇게 닮은 아이를 낳은 줄은 몰랐다"고 전했다. 성혜랑은 김정남의 부인을 본 적은 없으나 사진 속 두 여자 중 어린아이 손을 잡고 걷는 여자를 가리키며, "어린아이를 돌봐주는 여자로 생각된다. 밖에 나갈 때는 항상 붙어서 도와주는 여성이 있다"고 말했다. 성혜랑은 선글라스 차림의 여성에 대해 "김정남의 부인인 것 같다"고 추정했다.

성혜랑은 선글라스를 낀 여자에 대해 운을 떼며 김정남의 여성관에 대한 이야기까지 털어놓았다. 성혜랑은 "정남은 여성에 대한 심미안이 대단하다"며, "어려서부터 패션잡지를 보면서 여성용 옷에 대해 비평을 하곤 할 정도로 확실하다"고 말했다. 성혜랑의 이런 언급들은 수수께끼 속의 인물 김정남에 대한 세간의 비상한 관심을 더욱 증폭시키는 계기가 됐다.

당시 상황에 대해 김정남은 10년 뒤인 2011년 7월 6일자 고미 요지와의 이메일에서 "제 아내는 당시 어린아이 손을 잡고 있는 여성"이라고 밝혔다. 그는 "제 아내가 고려항공 사장의 딸이라는 설은 어디서 나온 이야기인지 모르겠다"며 사실이 아니라고 말했다. 일각에서는 김정남이 부인 등의 신분을 감추려 밀입국 적발 당시 거짓진술을 한 것이란 얘기도 나온다.

김정남

아버지 눈 밖에 나다

김정남은 한때 후계 1순위로 거론됐다. 장자가 왕위를 계승하는 봉건왕조 국가의 전통을 북한 김정일체제가 이어갈 것이란 점에서였다. 마치 김일성이 장남 김정일을 일찌감치 후계자로 낙점한 것처럼 3대 세습이 이뤄질 것이라는 전망이었다. 김정일이 노동당 5기 8차 전원회의에서 후계자로 결정된 1974년 2월 아버지 김일성은 62세였다.

김정남은 한때 왕좌에 거의 다가간 듯했다. 한국의 고위정보 관계자는 일본 밀입국 사건이 벌어지기 몇 해 전인 1999년 11월 "김정남이 본격적인 후계자 수업을 위해 9월께 국가안전보위부 지도원 업무를 시작했다"고 밝혔다. 한국의 국가정보원에 해당하는 북한 보위부는 체제유지를 위한 정보수집과 반체제인사 색출 등을 맡은 핵심 정보 권력기관이다. 김정남이 공안기관을 첫 디딤돌로 해서 후계자 수업을 시작하는 것이란 관측이 무성했던 것도 이 같은 배경에서였다. 김정남은 보위부의 직책을 맡기 전까지만 해도 특별한 직책 없이 5명 안팎의 미녀들과 어울려 주로 유럽지역을 여행하는 것으로, 서방 정보기관은 파악했었다. 김정남의 보위부 관련 보직 부여 관측은 김정일의 후계자 관련 동향이 처음 확인된 것이란 점에서 주목을 받았다. 당시 정보당국은 김정일이 핵심 측근들이 제기해 온 후계자 조기양성 주장을 받아들인 것으로 판단했다.

김정일이 23세 때인 1964년 6월 노동당 조직지도부 지도원을 시작으로 후계자 수업을 시작했고, 1980년 10월 6차 당 대회에서 김일성 후계자로 공식 추대된 점도 김정남 중심의 후계구도가 시기적절한 것이란 관측에 설득력을 더해줬다.

하지만 한국과 서방 언론의 스포트라이트를 받으며 김정남이 일본에서 추방 형태로 중국으로 돌아온 뒤 분위기는 반전됐다. 북한체제와 평양 로열패밀리의 이미지에 먹칠을 함으로써 완전히 아버지의 눈 밖에 났다는 설이 나돌기 시작했다. 일본 경찰의 김정남 밀입국 적발은 "정남이 후계자 수업을 받고 있다"는 홍콩 시사월간 광각경廣角鏡 보도가 나온 지 10여 일 뒤에 터졌다. 이 때문에 김정남의 동선을 파악하고 있던 일본을 비롯한 서방 정보기관이 김정일을 곤경에 빠트리고 북한 내부 동향을 떠보기 위해 일부러 사건을 만들어 낸 것이란 음모설도 제기됐다.

북한 후계에서 멀어졌던 김정남에 대한 세인의 관심을 다시 모은 건 우리 정부 쪽이었다. 밀입국 사건이 불거진 지 3년여가 지난 2004년 9월 22일 국가안전보장회의NSC 사무차장 이종석은 기자들과 만난 자리에서 "김정남은 (후계자가) 아닐 것"이라며 선을 그었다. 북한 전문가인 이종석의 이런 언급은 김정일 후계와 관련해 정부 고위 당국자가 입을 연 매우 이례적인 발언이었다. 그의 전언은 정부가 북한 권력승계 징후를 꽤 구체적으로 파악하고 있으며, 승계 대상에 대한 가닥도 잡고 있음을 내비친 것으로 평가됐다.

이종석의 발언은 이런저런 미확인 첩보나 소문 수준에다 일본 등의 외신보도를 곁들여 후계문제를 다루던 한국 언론에게는 중요한 기준점이 됐다. 이후 김정남의 탈락은 기정사실이 됐다. 평소

방탕한 생활로 수차례 문제가 됐고 가짜 여권사건이 결정적이었다는 것이다. 여기에다 생모인 성혜림이 '서방 망명설'에 휘말리는 등 김정일의 스타일을 구기게 만든 점이 부담요소로 떠올랐기 때문이란 분석이 나왔다. 김정일에게 사실상 버림 받은 성혜림이 모스크바에서 쓸쓸히 숨을 거둔 점도 정남이 평양 로열패밀리 그룹에서 지지기반을 상실했음을 보여주는 것으로 해석됐다.

김정남의 부인은
연예인 출신 명품족

김정남은 스스로를 '떠돌이', 또는 '방랑자'라고 부르고 있다. 후계자문제에서 일찌감치 동생들에게 밀려난 데다 평양으로 돌아가지 못하고 해외를 떠돌아야 하는 자신의 신세를 표현한 말이다.

그는 한때 자신의 주 활동무대였던 마카오에서 비교적 호화로운 생활을 즐겼다. 현지 교민들은 1990년대부터 김정남이 타이파섬 해변가 빌라에 살았고, 주말별장으로도 사용했다고 전한다. 이후에는 마카오 항구 근처에 있는 330㎡100여 평의 아파트에서 그의 부인, 아들 함께 살았다. 부인은 북한 연예인 출신으로 빼어난 미모의 명품족으로 알려져 있다. 부인을 목격한 적이 있는 사람들은 그녀가 온몸에 프라다

버림받은 비운의 첫사랑 37

와 구찌 등 세계 최고의 명품으로 치장하고 있었다고 전했다.

김정남은 일본 기자 고미 요지와의 이메일에서 자신의 결혼관과 여성관을 드러냈다. 그는 2011년 7월 6일자 메일에서 "아내가 두 명이라니 웃기는 일입니다. 저에게 여자가 많다는 사실은 부정하지 않겠습니다만, 아내가 여러 명이라니 웃음만 나옵니다. 제가 사랑하는 아내는 단 한 사람뿐입니다"라고 답했다. 하지만 하루 뒤 메일에서는 "저와 잠깐 동거하다가 아이가 생긴 여성이나 교제하던 여성은 많지만 결혼한 아내는 한 사람"이라고 밝혔다. 또 "저의 여성편력은 부정하지 않겠습니다. 하지만 제가 세 명의 아내와 산다는 이미지를 강조하는 것은 저를 이상한 사람으로 만들려는 의도가 보여서 다분히 불쾌합니다"라고 말했다.

김정남은 집을 자주 옮기는 것으로 알려져 있는데 이는 가족들의 신변안전을 위한 것으로 파악됐다. 그는 지인들과 와인을 즐겼다. 보통 한 병에 한국 돈 50~100만 원 사이의 프랑스산을 자주 마신다는 것. 과거 경호원을 데리고 다니기도 했지만 동생 정은이 후계자로 확정됐다는 소식이 전해진 이후로는 개인적으로 활동하는 경우가 더 많았다. 2006년 이전에는 자신의 고모부이자 후원자로 알려진 장성택 국방위 부위원장과 함께 마카오를 자주 방문한 것으로 파악되고 있다.

자유분방함 보여준
손자 한솔

김정남의 아들 한솔이 마카오에서 가까운 홍콩이 아닌 보스니아의 국제학교에 다닌 것을 두고 그 배경에 관심이 쏠렸다. 한솔의 입학에 한국 등 언론의 궁금증이 커지자 유나이티드월드칼리지 UWC, United World College의 스티븐 코드링턴 전 홍콩 분교 교장은 2011년 11월 6일 미국의 소리VOA, Voice of America 방송과의 인터뷰에서 "김한솔이 애초 이 학교 홍콩 분교에 지원해 합격했지만 홍콩 이민국이 학생비자를 내주지 않았다"고 밝혔다. "한솔은 결국 희망지역을 유럽으로 돌렸고 입학을 허용한 보스니아 분교가 최종 선택지가 됐다"는 설명이었다. 이 학교는 전 세계에 13개의 캠퍼스와 학교를 갖고 있고 보스니아도 그중 하나였다. 코드링턴 전 교장은 "한솔이 다른 분교에 갈 수도 있었지만 무산됐고, 나중에 (다른 분교의 경우) 김정일 위원장이 입학을 반대했기 때문이란 내용의 이메일을 한솔로부터 받았다"고 덧붙였다.

김한솔은 코드링턴 전 교장과 두 시간 삼십 분 동안 인터뷰한 사실도 공개됐다. 코드링턴 전 교장은 "한솔은 가족관계 때문이 아니라 뛰어난 자질을 보여 보스니아 국제학교의 입학 사정을 통과했다"며, "한솔의 이상과 카리스마, 전반적인 능력에 깊은 인상을 받았다"고 강조했다. 그는 "한솔이 입학지원서에 가족관계의 특이사항으로 자신의 할아버지가 김 위원장이라고 기재했다"고 말했다. 또 "(한솔의 아버지인) 김정남이 내년에 마카오를 떠나 유럽에서 일하기로 했으며 아들 한솔이 부모와 가까운 학교에 다니기를 바랐다"고 설명했다.

입학문제와 함께 한솔이 페이스북을 개설해 사진을 올린 사실도 화제가 됐다. 그는 페이스북에서 자신의 이름을 'HanSol Kim'으로 표기했다. 페이스북에 올라온 한솔의 사진은 모두 9장으로, 목걸이와 귀고리를 착용하고 머리카락을 염색한 모습도 있다. 특히 한국 아이돌 그룹 '빅뱅'의 멤버 태양과 같은 헤어스타일을 한 점이 눈길을 끌었다. 또래 여성과 나란히 서 있는 사진도 공개했다. 이 사진 속 여성은 댓글에 'i love you too yeobo(나도 '여보'를 사랑해요)'라는 댓글을 남기기도 했다. 한국의 젊은이들 사이에 연인을 '여보'라고 부르는 풍조가 유행했다는 점에서 김한솔이 한류韓流의 영향을 적지 않게 받았다거나, 교제 중인 여성이 한국 국적, 혹은 교민일 가능성이 제기되기도 했다.

한솔이 국내 인터넷 포털의 한류 관련 카페에도 가입해 활동한 것으로 추정되는 댓글이 드러나 언론의 관심이 집중되기도 했다. 미디어다음Daum의 '한류사랑열풍' 카페에는 'kimhs616'이란 아이디를 사용하는 네티즌이 2010년 3월 10일 "북한에 갔다 왔는데 거의 모든 사람이 휴대폰을 가지고 다녔다. 국제전화는 안 되고……"라는 한국어 글을 올렸다. 이 아이디는 김한솔의 페이스북 아이디와 일치한다. 북한의 휴대전화 보급에 관한 이 댓글에 다른 네티즌이

"거의 모든 사람들이라고?"라며 문제를 제기하자, "그래 모든 사람은 아님……. 하지만 정말 많은 사람이 길거리, 버스, 식당 등에서 휴대폰을 사용하는 걸 봤다"고 주장했다.

동영상 공유사이트 유튜브에 한솔이 올린 것으로 추정되는 댓글도 발견됐다. 2007년 12월 유튜브에 'gliango'란 아이디를 사용하는 회원이 올린 'Anthem North Korea북한 국가'란 제목의 1분 34초짜리 동영상에도 'kimhs616'이란 아이디로 짧은 영어 댓글 10개를 올렸다.

한솔은 13세 때인 2008년 올린 글에서 "나는 마카오에 사는 북한 사람이란 걸 분명히 해두고자 한다. 북한에는 인터넷이 있다"고 주장했다. 북한을 폐쇄적인 국가로 비난하며 김정일을 '돼지'에 비유한 한 네티즌의 글에 대한 항변으로 올린 반박이다. 그는 "분명히 말하지만 나는 실제 보통 사람들처럼 먹는다"며 "난 나의 인민들에게 미안한 느낌을 갖기 때문에 좋은 음식을 먹을 수 없다"고 했다. 또 "나는 우리 인민이 굶주리고 있다는 것을 알고 있다. 그들을 돕기 위해 뭔가를 하고 싶다"고 밝혔다.

한솔은 북한의 내부 사정을 외부에 알리고 싶어 하는 모습도 보였다. 그는 "북한에는 일본 상품이 하나도 없다"고 말했다. 특히 2008년 여름 김정일의 건강 이상설과 관련해서는 "그는 여전히 살아 있다He is still alive", "그가 졸도한 것으로 믿는다I believe he fainted"고 수상했다. 한솔은 언론의 관심이 쏠리자 자신이 남긴 댓글과 계정들을 곧 삭제했다.

입학 이후 동정이 잘 노출되지 않자 김한솔이 실종됐다는 보도가 나왔다. 하지만 2013년 5월 졸업식 모습이 드러나면서 다시 관심을 받았다. 세르비아 언론매체 노보스티는 5월 29일자에서 "김한솔이 28일 재학 중인 보스니아 국제학교 행사에 다른 졸업생 71명과 함께 모습을 나타냈다"고 사진과 함께 전했다.

김한솔은 2013년 가을학기부터 파리정치대학Sciences po Paris에 합격해 이 학교 르아브르Le havre 캠퍼스의 3년 과정 아시아·유럽 프로그램에 입학한 것으로 현지 언론은 전했다.

김정남
한국 망명 가능성에 촉각

김정남의 한국 망명 문제는 평양 로열패밀리와 관련한 한·미 정보당국의 최대 관심사 중 하나다. 김정일 가문의 장손으로서 한때 후계자로 점쳐졌던 그가 권력에서 멀어지면서, 이복동생인 정은으로부터 생명의 위협까지 받고 있다는 점에서다. 또 서울에 외삼촌 성혜림의 오빠 성일기 씨가 살고 있다는 점도 가능성을 높이는 요소로 꼽혔다.

김정일 사망 1주기를 앞둔 2012년 11월 31일 서울의 외교가에서는 김정남이 한국 정부에 망명을 요청했다는 설이 제기됐다. 일부 북한 소식통들이 "김정남이 최근 제3국에서 우리 정보채널을 통해 망명을 요청한 것으로 안다", "관계당국이 안전하게 신병을 확보한 상태라고 들었다", "북한의 거물급이 넘어왔는데 곧 큰 뉴스가 될 것"이라는 등의 입소문을 내기 시작한 것이다.

이에 따라 언론들이 청와대, 통일부, 국가정보원, 군 정보당국 등에 사실 확인을 요청했다. 국정원 관계자는 이에 대해 "31일 일본의 한 소셜네트워크서비스SNS에 김정남 망명설에 대한 글이 잠깐 올라왔는데, 이게 와전된 것 같다"고 했다. 또 청와대 고위 당국자는 "(김정남 망명은) 사실이 아니다"라고 말했다.

김정남은 김정은이 2010년 9월 노동당 3차 대표자회에서 후계자로 추대된 이후 외신과 만나 북한의 3대 세습을 비판하는 등 노골적으로 불만을 표시해 왔다. 또 김정일 사망으로 김정은이 집권한 뒤 2012년 초 마카오에서 행방을 감췄다. 이때부터 그가 북한 측의 신변 위협에 시달리고 있다는 관측이 나왔다. 실제 탈북자로 위장해 남한에 잠입했다가 2012년 9월 구속된 북한 보위부 공작원 김모50 씨는 공안당국 수사에서 "2010년 7월 보위부로부터 '김정남을 찾아 암살하라'는 지령을 받았다"고 진술한 것으로 알려졌다.

절대 권력에 희생된 그녀들

불꽃같은 사랑으로
총살형을 당한 여배우

　1960~70년대 북한 최고의 인기 영화배우였던 우인희. 그녀는 북한체제에서 결코 용인되기 어려운 자유분방함으로 질곡 많은 삶을 살다 비참한 최후를 맞이한 여인으로 기록되었다. 개성 출신인 우인희는 1960년대 초 월북 인민배우 황철의 눈에 띄어 평양에서 연기생활을 시작했다. 1년 뒤 월북 영화감독 윤용규의 〈춘향전〉에서 춘향 역을 맡으면서 하루아침에 은막의 스타가 됐다. 빼어난 미모에 연기력까지 갖춰 많은 사람들의 사랑을 독차지하게 된 것이다. 수많은 유혹을 받게 된 그녀는 심심찮게 스캔들을 뿌렸지만, 체코 유학파인 인기 영화감독 유호선과 결혼해 세 명의 아이까지 둔다.

　결혼 후에도 그녀를 둘러싼 스캔들은 이어졌다. 김정일의 지시로 납북됐다 탈북 귀환한 것으로 알려진 영화배우 최은희 씨는 1994년 7월 출간한 저서 『내레 김정일입네다』에서 자신이 북한에서 접한 우인희 이야기를 전하며 "우인희는 어찌 보면 남자들의 유혹에 잘 넘어가는 헤픈 여자고, 달리 보면 자기 인생과 멋을 즐길 줄 아는 여자였다"고 회고했다. 1970년대 후반 우인희는 스캔들로 인해 전체 영화인이 한자리에 모인 가운데 비판대에 서게 된다. 그녀는 자신에게 쏟아지는 손가락질에 굴하지 않았다. 오히려 "당신은 나에게 뭐라뭐라하며 유혹한 적이 없었느냐"고 폭로하면서 당차게 대응하고 나섰다.

　이 때문에 그녀는 영화계에서 완전히 추방당해 자신이 소속되어 있던 2·8영화촬영소의 보일러실 화부로 전락했다. 그곳에서 1년 이상 고생하던 그녀의 영화적 재능을 안타까워한 지인들의 청원에 힘입어 1979년께 배우로 다시 복귀했고, 〈금강산 처녀〉 등의 작품에 출연하게 된다.

그녀는 노동당의 감시에도 불구하고 재일교포 청년과 뜨거운 사랑에 빠졌다. 조총련계 거물 상공인의 아들인 이 청년은 부화방탕한 생활 때문에 아버지가 북한의 방송국에 보내 머물게 하고 있었다. 1980년 겨울 어느 날, 두 사람은 청년의 고급 승용차 안에서 히터를 켜놓고 사랑을 나눈 뒤 잠들어 버렸다. 결국 청년은 질식사한 채로, 우인희는 의식불명 상태로 발견됐다. 그리고 2주 만에 가까스로 목숨을 건졌다. 그런데 어느 날 모든 영화촬영소와 배우들에게 집합령이 내려진다. 버스를 타고 교외의 한 장소로 나간 배우들과 영화제작자들은 깜짝 놀랄 수밖에 없었다. 그들이 내린 곳은 사격장이었다. 잠시 후 지프차 한 대가 달려왔다. 군인들이 얼굴을 가리고 손을 뒤로 묶은 사람을 지프차에서 끌어내렸다. 여자는 발악하듯 비명을 질러댔다. 곧이어 스피커에서 방송이 흘러나왔다.

"인민배우 우인희는 부화방탕죄를 범했으므로 인민의 이름으로 총살형에 처한다."

부화란 말은 혼인한 사람과의 부적절한 관계를 의미하는 북한식 표현이었다. 방송이 끝나기 무섭게 수십 발의 총성이 울려 퍼졌다. 축 늘어진 그녀의 몸에서는 피가 쏟아졌다. 당시 현장에는 영문도 모른 채 다른 영화인들과 함께 온 우인희의 남편도 있었다. 당시 목격자들은 5,000여 명의 군중들이 모여 이 처참한 광경을 지켜봤다고 전하고 있다.

처형 이후 우인희가 출연했던 모든 영화는 상영이 금지됐고, 영화잡지 등에서도 그녀의 얼굴과 이름은 사라졌다. 사건에 대해서는 함구령이 내려졌지만 워낙 충격적인 이야기라 입소문을 타고 영화 예술인들과 고위층 인사들 사이에 퍼졌다고 한다. 최은희 씨는 "우인희 이야기를 처음 듣는 순간 귀를 의심했다"며, "머릿속에 가장 먼저 떠오른 건 김정일의 얼굴이었다"고 말했다. 북한에서 김정일 이외에는 당에서 그토록 끔찍이 아꼈던 인민배우를 처형하라고 명령할 수 있는 힘을 가진 사람은 아무도 없다는 설명이다. 우인희 또한 김정일의 여자였을 것이란 얘기다.

김일성의 프랑스어 통역 출신인 탈북 북한 외교관 고영환도 1993년 8월 펴낸 저서 『평양 25시』에서 여배우 우인희 사건을 구체적으로 증언하고 있다. 고영환은 "김정일이 우인희와 부화했다는 것이 알려지면 자신의 도덕성이 땅에 떨어지게 되므로 그 사실을 은폐하려는 목적으로 멀쩡한 여배우를 총살시켰다"고 말했다. 소문이 곧 평양에 퍼졌고 김정일의 잔혹함에 치를 떨었다는 게 고씨의 전언이다.

김정일의 화려한
여성편력

홍일천과 성혜림·고영희 외에도 김정일을 스쳐간 적지 않은 여인들의 이야기가 우리 정보당국의 정보파일에 올라 있다. 대표적 사례는 다음과 같다.

1980년대 초부터 러시아 주재 대사 손성필의 여동생 손희림(당시 32세)을 농락, 딸 둘을 낳았는데 손희림은 1991년 버림 받고 정신이상을 일으켜 두 딸과 함께 모스크바에 거주하며 치료를 받고 있다.
....

정무원 외교부 직원 이형연(튀니지 대사 출신)의 처 이상진과 불륜의 관계를 맺고 있다. 김정일은 김일성종합대학 재학시절부터 정경학부 동급생이던 그녀를 농락해 왔다.
....

북한에서 이름난 여배우 홍영희는 측근 간부가 김정일이 좋아하는 타입의 용모임을 알고 천거, 김정일의 애첩이 됐다. 그녀는 혁명가극 <꽃파는 처녀>의 주인공(꽃분이 역)으로 발탁돼 신인에서 일약 '인민배우'로 뛰어올라 연회 때마다 김정일 가까이서 시중들다가 1986년에 김정일이 지정해 준 사람과 결혼했다.
....

1991년 5월 평양 중앙TV 방송에서 방영한 극영화 <종달새>의 주인공(향미 역)을 맡았던 신인 여배우 정혜순(20세)을 자신의 생모(김정숙)와 너무 닮았다 하여 애첩으로 발탁, 평양 교외의 대성산에 있는 별장

여배우 홍영희와 그녀가 등장한 북한화폐

에 기거시키면서 특별번호를 부착한 고급승용차(벤츠 280)까지 하사했다.

....

김정일에게 농락당한 여성들 중에는 버림을 받아 자살한 여성들도 다수 있다. 70년대 말 평양 예술단 소속의 독창가수 한 명이 유서를 남기고 대동강에 투신한 사건이 대표적인 경우다.

....

김정일은 엽색의 대상으로 외국여성도 선호하고 있다. 1991년 10월 이후에만도 두 차례에 걸쳐 미모의 러시아 여가수와 여성악단을 초청, 고액의 외화를 지불하는 등 각별히 환대하고 이 여성들과 별장에서 정교를 맺었다.

....

1992년 4월 김일성 80회 생일 축하행사에 러시아의 또 다른 여성과 그녀의 보컬그룹을 초청해 별장에서 놀아났고, 9월에는 이 여성들을 다시 불러들여 측근 간부와 함께 난교를 벌였다고 한다.

김정일이 절대 권력을 누리면서 여성편력을 보인 건 상당부분 사실인 것으로 보인다. 유부녀인 성혜림을 이혼시켜 함께 살다 아들 정남을 낳은 뒤 등을 돌린 점이나, 정혼한 것으로 알려진 김영숙 외에 몇몇의 여성과 사실혼 관계에 있었던 데서도 이를 엿볼 수 있다. 하지만 일부 사실관계에 부합하지 않은 것으로 검증된 대목도 적지 않다. 특히 남북 대결시기 김일성·김정일 체제의 문제점을 부각시켜 비판하는 과정에서 실제보다 부풀려지거나 일부 확인되지 않은 정보들이 사실로 소개되는 일도 종종 나타났다.

기쁨조와 만족조

김정일의 여성 관련 문제가 거론될 때마다 빠지지 않는 메뉴가 바로 '기쁨조'다. 탈북자 증언과 우리 정보당국의 첩보 등을 토대로 살펴보면 북한의 기쁨조는 김정일이 북한의 후계자로 부상하던 1970년대 초부터 만들어졌다. 미모의 여성을 선발해 김일성과 김정일의 전용별장에 배치한 후 각종 연회나 행사 등에 술 시중과 여흥을 위해 동원하는 방식이다. 김일성·김정일을 신격화하는 북한 사회에서 절대적 존재인 이들의 정신적·육체적 피로를 풀기 위해 봉사하는 조직이 있어야 한다는 명분에서다.

기쁨조는 성적 쾌락의 도구로 활용되는 '만족조'와 안마·마사지 등을 통해 피로를 풀어주는 '행복조', 반나체 무용과 노래·악기 연주 등을 통해 즐거움을 제공하는 '가무조일명 율동조'로 나뉜다. 이들 기쁨조들은 김일성 특각별장과 초대소 등에 2,000명 정도 구성돼 있던 것으로 드러나고 있다.

이들의 선발은 호위총국 주관 하에 중앙당 간부과와 시·도 당위원회에서 전담 선발팀을 운영하는 방식으로 이뤄진다. 160cm 이상의 키에 몸매가 날씬하고 사상성분이 투철한 20세 전후의 미모를 갖춘 자를 대상으로 한다. 출신성분 조사와 신체검사 등을 통해 일정기간 사전교육을 시

비밀 댄스파티

킨 다음 배치한다. 대상자로 선발되면 그 부모가 당 간부라 해도 거역할 수 없다고 한다.

특히 만족조 요원은 몸매가 특별히 좋고 성적 매력이 풍부한 여성으로 김일성이나 김정일의 취향에 맞는 대상을 선발해 접견동숙하게 하는데 마음에 안 들면 측근 인물에게 선물하기도 했다고 한다. 행복조 요원 선발은 평양 적십자병원에 1년 과정의 특설반을 설치해 매년 각 시·도 예술전문학교 졸업반 학생 중 미모가 뛰어난 30여 명을 선발해 마사지 등 실무교육을 시키고 동유럽과 소련 등지에 보내 3개월 동안 현지실습을 시킨 뒤 특각 등에 배치했다. 가무조의 경우 보천보전자악단을 비롯한 각 단체 예술단원이나 대학생 중에서 노래와 무용·기악 등에 재질이 있는 여성 중에서 선발했다. 가요 〈휘파람〉으로 유명한 전혜영이 포함된 보천보전자악단 멤버 등도 기쁨조의 일원으로 알려져 있다.

북한 외교관의 기쁨조
충격 증언

김일성과 김정일의 불어 통역으로 일하다 1991년 망명한 고영환 전 콩고 주재 북한 대사관 1등서기관은 서울에서 펴낸 책 『평양 25시』에서 자신이 북한 외교부에서 일하던 당시 접한 기쁨조의 실상을 털어놨다.

기쁨조는 중학교(우리의 중고교 과정)를 졸업한 16~17세의 처녀들로 전국에서 선발된다. 처음 기쁨조를 조직할 때는 평양에서 확고한 신분노동당이나 보위·안전부문 간부을 지닌 사람들의 딸을 대상으로 했다. 그러나 소문도 그러하고 처리문제도 복잡해 노동자·농민의 딸 중에서 고르게 된 것이란 얘기다. 노동당 조직지도부 서기실김정일의 비서실에는 미모의 아가씨들을 선발하기 위한 데스크가 있어서 중학교 졸업시기인 매년 8월에 전국 각지를 순회하며 금싸라기를 골라내듯이 아가씨들을 선발한다. 일단 대상자가 정해지면 그녀의 부모를 만나 '당신의 딸은 당의 크나큰 신임에 의해 평양으로 올라가 중요한 국방부 직할부대 및 기관에서 일하게 됐다. 그리고 특별히 당의 배려로 귀댁에 식량과 일용품들이 꾸준히 공급될 것'이라고 통보한다.

아무것도 모르는 부모들은 딸이 하늘의 별이라도 딴 것처럼 기뻐하면서 친척과 주위 사람들에게 '우리 딸이 김정일 동지의 배려로 당 중앙위에서 일하게 됐다'고 자랑하며 주위의 부러움을 산다고 한다. 하지만 그 딸이 술맛과 흥을 돋우는 일에 동원된다는 점을 알고 난 뒤 땅을 치고 통곡해도 어떻게 할 수 있는 방법이 없다.

이렇게 전역에서 선발된 처녀들은 2~3년간 특수교육으로 몸의 때를 벗겨내고 춤추는 아이와 노래하는 아이, 술 따르는 아이로 탈바꿈한다. 그리고 김정일을 자기 몸 가까이 모시고 총애를 받기 시작하면서 방자하기 이를 데 없는 생활을 하게 된다.

고영환 씨도 김정일이 기쁨조 여성들을 측근들에게 선물한 경우가 있다는 증언을 한다. 1988년 초 술 파티에서 김정일이 "자, 오늘 난 그만 마시고 들어갈 테니 용기 있는 사람들은 아가씨들을 정복해 보라"고 말했다. 그러자 파티장은 난장판이 됐다. 서로 껴안고 나뒹구는 남녀들과 '지도자 동지!'를 외치며 달아나는 여성 등 광란의 극치였다는 것이다.

김정일의 기쁨조로 발탁되면 일반 주민들은 상상하기 어려운 특별대우를 받는다는 전언도 있다. 이기봉은 책 『김정일 그는 어떤 인물인가』에서 "기쁨조에 대해서는 김정일 특별지시까지 내려 평양시 보통강 구역 대타령동에 위치한 초호화 아파트와 주로 일본제품인 일용품들을 무상지급하고 있고, 김일성·김정일과 동침한 여성에게는 오메가 등 스위스제 시계에 김 부자 사인이 새겨진 '명함시계'를 선물로 준다"고 밝히고 있다. 이들의 명함시계는 김 부자와 동침했다는 징표가 된다고 한다. 김정일은 자신이 특별히 총애하는 여성에게는 특별번호가 부착된 '벤츠 280' 등 고급승용차를 주는데, 이를 일명 '공주차'로 불렀다.

기쁨조는 25세 정도를 넘기면 중앙당 간부과에서 소개하는 호위총국 군관이나 국가 공훈자와 결혼시켜 벗어나게 해준다. 하지만 기쁨조로 활동했던 경력이나 보고 들은 얘기에 대해서는 철저하게 비밀을 유지토록 하고 있다.

이처럼 기쁨조로 상징되는 김일성·김정일 부자의 엽색행각은 고위 탈북자의 전언 등을 통해 속속 알려졌다. 구체적인 사실관계에서 일부 차이를 보이고 있지만 김 부자와 북한 핵심 고위층 사이에 퍼진 이 같은 문화는 어느 정도 사실에 가까운 것으로 드러난다. 일각에서는 김일성·김정일 시기의 이런 문화가 젊은 지도자인 김정은 시대에도 이어져 내려올 가능성이 있다고 보고 있다.

노동신문에 뜬
남조선 된장녀

분단으로 인한 남북 간 이질화 과정에서 여성의 역할에 대한 사회적 규정도 상당부분 달라졌다. 사회주의를 표방하는 북한은 기본적으로 '노동하는 여성상'을 이상적인 모델로 제시한다. 협동농장이나 공장·기업소 등에서 혁신적인 생산성과를 내거나 모범적인 활동을 한 여성 근로자를 찬양·선전하는 북한 관영매체의 보도물이 쏟아지고 있는 것도 이런 배경이라 할 수 있다.

북한 노동신문이 남한에서 한때 유행어로 등장했던 '된장녀'에 대해 다룬 기사를 보면 이런 모습을 엿볼 수 있다. 남한을 비롯한 외부 문화의 유입에 대해 "부르주아 날라리풍을 배격하자"며 사상 교양을 해온 북한 관영매체에 '된장녀'란 표현이 등장한 건 눈길을 끌만한 일이다.

노동신문의 된장녀 기사는 2006년 11월 11일자 '남조선소식'을 다루는 5면에 실렸다. 과거 한나라당 내 이명박 후보와 박근혜 후보 간의 힘겨루기를 다룬 '망할 징조'라는 제목의 기사였다. 여기에서 박근혜 전 한나라당 대표를 가리켜 MB 측에서 된장녀라고 비난한 내용을 그대로 옮겨 놓았다. 북한 주민들이 생전 처음 접했을 된장녀의 뜻풀이를 돕기 위한 듯 노동신문은 설명도 덧붙였다. '실속은 없고 겉치레만 하는 천박한 여자'라는 해설은 우리가 알고 있는 된장녀의 의미와 비교적 일치한다.

당시 보수 정당의 유력 대선주자였던 박근혜 전 대표를 비난하기 위해 된장녀 이야기를 노동신문에 실었지만 오히려 청소년과 젊은 세대들은 된장녀에 대한 관심이나 궁금증이 한층 커지지 않았을까 하는 얘기도 나왔다.

여자 몸무게 70kg에 기뻐한 김정일

"아니 뭐 70키로, 여자가 70키로면 이거 굉장하구먼……."

김정일은 크게 웃으면서 그 여성들의 사진을 찍어 오라고 지시했다. 여성들은 무슨 영문인지 모르고 창피하고 해서 사진기 앞에 나서지 않았다. 북한 평양방송은 "한번 생각해 보십시오. 여자가 70키로라면 얼마나 창피합니까"라는 설명까지 덧붙였다.

2006년 12월 한 북한군 여군부대에서 벌어진 일이다. 김정일은 당시 여군부대를 방문했다. 이른바 군부대에 대한 '현지지도'다. 부대가 콩농사를 잘 지어 여군 병사들의 급양문제를 잘 해결하고 있다는 보고를 받고 만족스러워했다는 게 평양방송의 보도내용이다.

그런데 여군들이 콩음식으로 살을 찌워 모두 체중이 70kg이 넘는다는 것을 보고 받고 김정은은 당장 그 여군들의 사진을 찍어 오라고 지시한다. 그리고는 평양의 집무실로 돌아온 12월 27일 밤 군 간부들을 부른다. 사진을 꺼내 놓은 그는 "이것 보오. 입대할 때 몸무게가 얼마 나가지 않았는데 지금은 다 70키로 이상 되었구만……."

김정일은 곧장 군 간부들에게 새해가 되기 전에 고향의 부모들에게 이 사진을 전달하라고 지시한다. "비행기 편에라도 다 보내줍시다"라는 얘기였다.

평양방송 보도의 절정은 방송에 직접 출연한 한 부모의 언급이다. "저녁에 문 두드리는 소리가 나서 바깥에 나가 보니까 웬 군관 동지가 찾아왔는데 우리 둘째 딸 소식을 가지고 왔다는 것 아니겠습니까. 그런데 편지와 최고사령관 동지께서 직접 보내주신 사진을 내놓는 것이 아니겠습니까."

놀랍게도 사진을 받은 날은 같은 달 28일이었다. 하루 만에 전달된 사진을 보면 김정일의 '명령'을 이행하려 동분서주했을 북한군 간부들의 모습이 떠오른다.

평양방송의 보도는 1990년대 말 '고난의 행군' 시기 입대한 여군들이 군복무 덕분에 건강해졌다는 점을 강조하면서 김정일의 은덕을 선전하려는 것으로 보인다. 눈길을 끄는 건 평양방송 아나운서의 멘트 중 "여자가 70키로면 얼마나 창피합니까"라는 대목이다. 남한 같으면 인터넷과 SNS에 빗발칠 비난 여론 때문에 당장 방송계에서 퇴출당할 멘트지만 북한 매체에서는 아무런 일 없이 넘어갔다.

김일성 죽음으로
몰락한 황후

　김일성의 후처 김성애는 1994년 6월 지미 카터 전 미국 대통령의 평양방문 때 북한 퍼스트레이디 자격으로 재등장했다. 카터 전 대통령과 로잘린 여사 부부와 함께 김일성 전용요트를 타고 대동강변을 유람하는 모습이 북한 관영TV와 외신을 통해 공개된 것이다. 김성애의 등장은 뜻밖이었다. 그녀는 1970년대 중반 루마니아의 차우셰스쿠나 캄보디아의 시아누크를 비롯해 김일성과 각별한 인연을 맺어온 외국 국가수반을 만났을 때 공개석상에 얼굴을 내비친 이후 20여 년간 '잊혀진 여자'였다. 이를 두고 김일성이 카터 전 미 대통령을 얼마나 극진히 환대하려 했는지를 보여준 것이란 해석이 나왔다.
　김성애가 공식석상에 마지막 모습을 보인 것 1974년 6월의 이른바 '평양시당 전원회의'사건 때였다. 1971년 김성애는 북한의 여성조직 수장인 여맹위원장으로 부상하면서 막강한 권력을 휘둘렀다. 이에 위기감을 느낀 김정일 옹립 세력은 1973년 9월 김성애와 측근들을 노동당 평양시당 전원회의에서 집중 비판했다. 권력남용과 월권·전횡 등의 혐의였다. 특히 해군사령부 정치위원이던 김성애의 친동생 김성갑전 평양시 인민위원장 등에게 비난의 화살이 집중됐고, 김일성은 분위기에 떠밀려 김성애에게 근신처분을 내렸다. 당시 후계자 지위를 굳혀 가던 김정일과의 권력 투쟁에서 밀린 것이다.
　김성애는 김일성의 둘째 부인이다. 첫 부인인 김정숙은 북한이 주장하는 항일활동 과정에서 김일성을 만나 결혼한 것으로 알려지고 있다. 소련군 장교였던 김일성이 머물던 원동군 사령부 산하 88특별여단의 브야츠크 병영에서 김정일을 낳았고, 해방 직후 평양으로 돌아왔다. 1949년 9월 32세의 나이로 출산 과정에서 숨진 것으로 알려진다.

김정숙과 김성애 외에 다른 여자가 있다는 기록도 있다. 중국 외교부 산하의 세계지식출판사가 펴내는 『세계지식』에는 김일성의 첫 부인을 한성희로 밝히고 있다. 강원도 출신인 그녀는 어릴 때 만주로 이주해 공산주의 독서모임에서 김일성을 만나 1937년 결혼한 것으로 나타난다.

김성애가 김일성을 처음 만난 시기를 놓고는 다양한 주장들이 제기된다. 김정숙이 살아있을 때도 김일성이 김성애를 알고 있었다는 얘기가 있다. 또 한국전쟁 당시 북한군 최고사령부에 배치돼 김일성의 비서로 일하면서 각별한 사이로 발전했다는 전언도 있다.

김일성과 김성애는 비교적 원만한 관계를 유지했던 것으로 전해지고 있지만 김정일을 후계자로 지정하면서 김성애 소생들이 밀려나고 김정일에 의해 설움을 당하면서 김성애의 불만도 커졌다. 김일성의 타자수 출신인 김성애는 1953년 김일성과 결혼한 후 2남 1녀를 두었다. 하지만 김정일이 80년대 들어 본격적으로 후계자로서 군림하며, 이른바 '곁가지김정숙 소생을 본가지로 칭하는 데 비해 후처 김성애의 자녀들을 가리키는 북한식 표현'로 분류돼 사실상 은둔의 삶을 강요당했다.

김일성·카터 부부 대동강 유람

카터 방북을 계기로 깜짝 등장했던 김성애는 불과 한 달 후 김일성이 사망하면서 추도행사 등에 몇 차례 등장했다. 하지만 1997년 7월 김일성 사망 3주기 행사에 참석한 이후엔 행적이 묘연하다. 자신을 지켜주던 김일성이 사망한 것을 계기로 몰락의 길을 걸은 것이다. 1998년 4월 김성애는 27년간 맡아오던 여성동맹위원장 자리에서 전격 해임된다. 오랜 기간 유명무실한 직책이었지만 그마저 내놓게 된 것이다. 김정일은 이 사실을 관영매체를 통해 보도함으로써 그의 실권을 주민들에게까지 알렸다. 또 같은 해 7월에는 최고인민회의 대의원 선거에서 김성애를 탈락시킴으로써 모든 공직을 박탈하는 조치를 취했다. 김정일이 추진한 계모 김성애와 그 추종세력의 거세작업인 '곁가지 치기'가 마무리된 것이다. 김일성이 사망 직전 김성애를 공석에 동반하고 숙청했던 친동생 영주를 17년 만에 부주석에 기용하는 등 집안 화해에 나섰던 걸 무색케 하는 조치였다.

> **해외 떠도는 김일성 가문의 곁가지**
>
> 1970년대 김정일이 김일성의 후계자로 지위를 굳혀 가면서 이복동생들은 어려움을 겪어야 했다. 마치 후계 경쟁에서 김정은에 밀려난 후 평양에서의 기반을 잃어버린 채 해외를 떠돌아야 하는 김정남의 모습과 유사하다.
>
> 김성애가 김일성과 사이에 낳은 장남 김평일은 평양으로 돌아가지 못하고 동구권 지역 대사를 떠돌다 1998년 1월부터 오랜 기간 폴란드 대사를 맡아왔다. 딸 경진 역시 북한 땅을 밟지 못하고 오스트리아 대사인 남편 김광섭과 함께 20년 가까이 빈에 머물고 있다. 차남 영일은 외교관으로 해외공관에

서 근무하다 2000년 5월 독일에서 45세로 병사했다.

북한 당국의 철저한 통제 속에 이들의 삶은 베일에 싸여 있다. 이런 상황에서 김평일의 경우, 2007년 폴란드에서의 활동을 담은 그의 생생한 사진이 공개돼 화제가 되기도 했다. 그해 2월 10일 폴란드 현지에서 사진 전시회와 체육행사에 참석하고 한 무역회사와 공장·민속박물관 등을 돌아보는 장면이다. 폴란드 나레프시(市) 홈페이지(www.narew.gmina.pl)에 올라와 있는 그의 사진은 북한 전문 인터넷매체인 데일리NK가 5월 9일 전하면서 국내에 알려졌다. 마치 서방 외교관의 일상적인 활동을 다루듯 지구상의 아주 특별한 체제인 '조선민주주의인민공화국'의 몰락한 로열패밀리를 다루는 바람에 김평일의 생활 단면이 드러난 것이다.

방한복에 모자를 쓴 김평일은 굳은 표정이었다. 하지만 동행한 그의 아들 인강과 딸 은송이 눈길을 끌었다. 서구형의 세련된 외모를 갖춘 은송은 대사관 직원들이 노래를 하는 동안 일제 카시오 전자오르간을 연주했다. 또 아들 인강은 북한팀이 우승한 탁구경기에 선수로 참가했다. 김평일은 해외 공관장 직무를 수행하면서도 외부노출을 꺼려 왔기 때문에 언론에 그의 모습이 구체적으로 공개된 것은 극히 이례적인 일이다. 특히 그의 자녀들의 모습은 처음 파악됐다. 은송과 인강의 모습이 공개되자 서울에서는 '평양의 얼짱 로열패밀리'라는 평가와 함께 한동안 화제가 됐다.

오랜 해외체류에도 불구하고 김평일은 김일성을 쏙 빼닮은 외모와 언행으로 주목 받았다. 특히 군대 경험이 없는 김정일과 달리 요직인 인민무력부 작전부부장을 지낸 대좌(한국군의 대령) 출신이라 한때 일부 북한 전문가들 사이에서 김정일 유고 시 군부의 지지를 받는 후계자로 부상할 것이란 관측도 제기됐다. 정부 당국은 김평일이 평양 공관장 회의 등을 제외하곤 거의 북한에 들어가지 못하는 것으로 파악한다. 또 김정일로부터 권력을 넘겨받은 김정은이 비교적 안정적인 기반을 구축 중인 점으로 볼 때 김평일 등 곁가지 세력이 북한 권력구도의 변수로 작용하기는 어려울 것이라고 본다.

'평양 어머니'로 불린 여인

'다카다 히메'에서
고영희로

1970년대 초 고영희는 북한에서 이름난 무용수였다. 김일성이 직접 챙긴 만수대예술단의 단원으로 승승장구했기 때문이다. 북한의 문화예술 관련 발간물이나 관영매체에도 그녀의 흔적은 남아 있다.

1972년 12월 29일자 노동신문에는 공훈배우 '고용희'라는 이름이 등장한다. 당시 노동신문에는 '조선민주주의인민공화국 중앙인민위원회' 이름으로 발령된 정령으로 '예술인들에게 조선민주주의인민공화국 공훈배우 칭호를 수여함에 대하여'라는 칭호 수여 사실이 올라 있고, 명단 여덟 번째에는 '고용희'라는 이름이 올라 있다. 이 때문에 고영희의 본래 이름이 고용희일 가능성도 제기된다. 평양 대성산 자락에 자리한 그녀의 묘비명에 고용희라고 적혀 있는 것도 과거 이름을 그대로 썼을 수 있다는 얘기다. 아직 북한이 한 번도 고영희라는 이름을 공식적으로 언급한 적이 없다는 점에서 한·미 정보당국이 오인했거나 혼돈을 일으켰을 가능성도 제기된다. 평양 로열패밀리의 가족 관련 정보는 주로 해외여행 때 여권 정보 등을 통해 미 중앙정보국CIA, Central Intelligence Agency이 파악하는데 영문이름 등의 표기 과정에서 오류가 일어났을 수 있다는 것이다. 김정은의 경우도 후계자로 본격 부상하기 직전까지 우리 정보기관이나 당국자들도 '김정운'으로 알고 있었다.

노동신문이 이 같은 보도를 내놓은 이듬해에는 대외선전물인 조선화보에 고영희 관련 내용이 등장한다. 고영희의 아버지 고경택이 '자신이 북송 후 보다 나은 삶을 살고 있다'는 선전을 일본 쪽에 전하려 고영희가 공훈배우 칭호를 받은 사실을 소개한 내용이다. 고경택은 조선화보 1973년 3월호에서 "내 딸이 공훈배우 칭호를 받았다"고 밝혔다. 또 "어버이 수령님의 품에 안긴 '영자'는 원하는 대로 공짜로, 그리고 장학금까지 받으면서 음악무용대학을 졸업했으며 이제는 공훈배우로서 훌륭히 활약하고 있다"고 말했다. 이 인터뷰에서는 고영희의 이름이 일본풍인 '영자'로 소개되고 있다.

이런 점 때문에 재일교포 출신인 고영희가 북한에 정착하고 김정일의 여자가 되는 과정에서 출신성분을 감추기 위해 이름을 여러 차례 바꾼 것이란 의혹이 제기된다. 대북전문 인터넷매체인 데일리NK는 2012년 8월 3일 보도에서 고영희의 출생 당시 이름은 '고희훈'이었으며 일본명은 '다카다高田 히메姬'였다고 전했다. 북송된 이후 '고영자'로 이름을 바꾸었고, 북한이 여성의 이름에 '자子'를 쓰는 일제식 표기를 금지시켰기 때문에 '고영희'라는 이름을 사용했다는 얘기다.

베일에 싸인 김정일과의 첫 만남

고영희가 어떤 과정을 거쳐 김정일과 처음 인연을 맺게 됐는지에 대해서는 드러난 게 없다. 만수대예술단 무용수 시절이던 1970년대 중후반 예술단 지도에 관심이 높던 김정일의 눈에 들어 함께 살았다는 게 관계당국의 판단이다. 구체적인 정황은 드러나지 않지만 김정일이 영화나 예술 분야에 관여하는 일이 많았다는 점에서 이른바 예술지도를 위해 현장을 찾았다가 고영희를 낙점했을 가능성이 있다는 것이다. 일반 주민은 물론 북한의 최고위층 사이에서도 '장군님의 여자' 문제를 입 밖에 내는 건 금기시되는 일이라 고위층 탈북자들도 그 내막을 잘 알지 못하는 것이다. 그 정도 내밀한 이야기는 평양 로열패밀리 내부의 극소수 사람들이나 알 법하다는 것이다.

1990년대 초까지도 국가정보원이 김일성 가계도에 김정일과 고영희의 소생인 김정철과 정은, 여정을 올리지 않았다는 것만 봐도 이들이 전혀 주목 받지 못한 존재였음을 알 수 있다. 국가안전기획부(국가정보원의 전신)가 운영하던 북한 뉴스 전문서비스 기관인 내외통신이 1993년 12월 발간한 『북한용어 300선집』에 실린 가계도에는 고영희의 존재는 아예 없다. 김정일의 처로 김영숙(1947년생, 김혜숙으로도 불림)이 올라 있고 성혜림(1937년생)은 결혼한 정부인이 아니라 동거관계로 표시돼 있다. 김정일의 자녀로는 성혜림과의 사이에 낳은 정남(71년생)과 김영숙으로부터 낳은 딸 설송(74년생)만이 나타나 있다. 고영희가 대북정보를 담당하는 관계당국으로부터 주목 받지 못했다는 추정이 가능하다.

관계당국은 고영희가 지난 1999년 사망한 재일동포 고경택의 딸인 것으로 파악하고 있다. 일본에서 태어난 고영희는 아버지를 따라 60년대 초 북송선을 탔고 평양에서 살았다.

김정은 유학생활 보살피던 이모는 미국 망명

고영희의 여동생 영숙은 미국으로 망명했다. 고영숙은 김정은이 10대 시절 스위스 베른에서 유학할 때 후견인 역할을 하면서 현지에서 뒷바라지를 해준 인물이다. 김정은과는 각별한 관계로 그의 어린 시절을 속속들이 알고 있는 인물이다.

고영숙은 1998년께 남편 박건과 함께 스위스에 있는 미국 총영사관에 망명의사를 은밀하게 타진했다고 한다. 그녀는 당시 제네바 주재 북한 대표부 소속 외교관 신분증을 갖고 있었다. 평양 로열패밀리에 대한 구체적인 정보를 알고 있는 고씨 부부를 미 CIA는 극비리에 제3국으로 빼내는 데 성공했다. 외교관이던 그녀의 오빠 고동훈 김정은에겐 외삼촌도 유럽의 한 국가로 망명한 것으로 파악되고 있다. 이들의 망명사실을 뒤늦게 알아차린 고영희는 "혼자 살겠다고 언니가 우리를 배신하고 도망치다니. 반드시 찾아내서 꼭 갚아주겠다"며 격앙된 반응을 보인 것으로 정보 관계자들은 전하고 있다. 고영숙 부부 망명 후 고영희는 유선암 치료를 위해 프랑스 병원에 체류하다 현지에서 2004년에 숨졌다.

고영숙은 성형수술로 신분을 알지 못하도록 조치를 취한 뒤 미 정부의 '증인 보호프로그램'의 적용을 받으며 살고 있다. 미국 정부가 신변위협이 우려되는 망명자나 특별한 사유가 있는 인사에 대해 적용하는 이 프로그램은 이름과 전화번호, 집주소 등 신상정보를 일절 비밀에 부친다. 정보 관계자는 "캘리포니아에 살아도 뉴욕에 사는 것처럼 전화 지역번호가 부여되거나 경찰 등의 신원조회로는 신상파악이 되지 않는 등의 특별조치가 취해진다는 의미"라고 말했다.

'째포 출신'은 우상화의 아킬레스건

북한 주민들 사이에 북송 재일교포는 박대를 받는 존재였다. 주민들이 이들을 가리켜 부르는 '째포', '째짜'라는 표현 속에는 비하의 의미가 담겨 있다. 북한 외교관 출신으로 1991년 한국으로 망명한 고영환은 책 『평양 25시』에서 "북한의 당 및 안전기관 일꾼들의 눈에 비친 귀국자들은 '간사한 왜놈들로부터 간첩 임무를 받고 바다를 건너온 째짜'이며 북한 주민들에게 있어서는 '자기만 잘 살겠다고 발버둥치는 극심한 개인 이기주의자들'이었다"고 밝히고 있다. 재일교포 북송사업은 북·일 간 협상에 따라 1959년 12월 14일 975명의 1진이 니가타新潟항을 출발하면서 시작됐다. 1967년까지 8만

8,000명의 재일교포와 일본인 처 등이 북한에 들어갔다.

일본 오사카大阪에서 태어난 고영희는 제주 출신인 아버지를 따라 1960년대 초 북송선을 탔고 평양에 산 것으로 파악되고

김정일과 고영희

있다. 이런 출신의 문제가 김정은의 생모인 고영희를 우상화하는 데 걸림돌이 될 것이란 전망도 나온다. 정부 당국자는 "북한이 고영희를 '평양의 어머니'로 둔갑시켜 선전하지만 이미 주민들 사이에 입소문이 난 것으로 파악된다"며, "과거와 달리 외부 소식이나 문물이 상당히 많이 유입되고 있어 통제가 쉽지 않을 것"이라고 말했다.

물론 최근 들어 북송교포에 대한 인식이 일부 개선되고 있는 것은 사실이다. 일본에 체류하는 친인척으로부터 달러화나 고급 가전제품, 의약품, 식품 등을 원조 받는 과정에서 '째포'들이 선망의 대상이 되는 경우도 있다는 얘기다. 하지만 최고지도자인 김정은이 남한 출신의 아버지를 둔 재일교포 무용수와 김정일 사이에서 태어난 사실이 공공연히 드러날 경우 우상화 선전에 도움이 되지 않는 것으로 북한 당국은 판단하고 있는 것으로 보인다. 북한은 노동신문 2012년 2월 13일자를 통해 고영희의 실명은 거론하지 않은 채 '평양의 어머니' 등으로 소개하며 조심스레 주민들의 반응을 살피고 있다. 주민들이 고영희의 실체에 접근하는 걸 차단하려 부심하는 분위기다.

풀리지 않은
원산 미스터리

　김정은이 후계자로 부상하는 과정에서는 강원도 원산을 배경으로 한 이상 징후들이 감지돼 관심을 끌었다. 왜 하필 동해안 지방인 원산일까 하는 의문이었다.

　김정은의 후계지명 여부가 불투명하던 상황에서 한 외국인 관광객이 원산협동농장에서 '대박'이라 불릴 만한 사진 한 장을 찍은 것도 그중 하나다. 북한을 방문한 대만의 사진작가 후앙한밍Hanming Huang은 관광을 위해 방북했다가 강원도 원산의 한 협동농장에서 2009년 9월 18일 사진을 촬영했다. 그는 나흘 뒤 인터넷 포털 야후의 사진공유사이트 플리커닷컴www.flickr.com 내 자신의 계정에 사진을 올렸다. 네티즌들은 북한의 선전포스터를 촬영한 보통 사진 정도로 여겼다.

　하지만 이를 입수해 정밀분석한 한·미 정보당국은 놀라운 사실을 발견했다. 북한군 창건기념일인 4월 25일을 상징하는 최고사령관 깃발을 담고 있는 이 벽보형 포스터는 김정은을 '만경대 혈통, 백두의 혈통을 이은 청년대장 김정은 동지'라고 표현했다. 또 '2월의 위업'을 이어갈 인물로 묘사함으로써 그가 김정일의 후계자임을 강력하게 시사했다. 이 사진에는 김정은을 찬양하는 가요 〈발걸음〉의 가사 전문이 실렸다. 김정일의 셋째아들이 후계자임을 시사하는 결정적인 장면이었다.

　일각에서는 북한이 의도적으로 혼선을 주기 위해 정보를 흘린 것이란 조심스러운 관측도 나왔다. 또 대만의 네티즌이 사진을 조작한 것 아니냐는 의심도 있었다. 하지만 면밀한 분석 끝에 진품이란 감정이 나왔다. 이 한 장의 사진 속에는 많은 정보들이 숨어있었다. 특히 벽보에 나타난 김정은의 이름을 붉은색으로 부각시킨 게 드러났다. 북한에서는 노동신문이나 각종 출판물에 김일성과 김정일의 이름은 다른 글자와 다르게 더 굵고 진하게 표기된다. 또 컬러로 만들어지는 선전물 등에는 붉은색으로 표현된다. 붉은색 이름 표기의 등장은 김정은이 이미 후계 지위를 상당히 확보했음을 보여주는 징표였다. 한 관광객이 호기심에 찍은 벽보 한 장이 북한 후계구도의 진도를 외부에 알리는 대박을 친 셈이었다.

로열패밀리의 내부를 엿볼 수 있는 다른 한 장의 사진도 원산발로 나왔다. 김정은은 3차 당 대표자회를 통해 공석에 등장하기 이전부터 이미 김정일의 군부대 방문이나 공장·기업소 현지지도 길에 함께한 것으로 관계당국은 파악하고 있다. 원세훈 국가정보원장은 2010년 6월 24일 국회 정보위에 출석해 "김정일 북한 국방위원장이 현장을 방문할 때 3남인 김정은이 수시로 동행하면서 정책 관여의 폭을 확대하고 있다"고 밝혔다.

2009년 4월 김정일의 원산농업대학 방문 때는 수행 장면이 구체적으로 포착되기도 했다. 당시 4월 27일자로 관영 조선중앙통신이 전송한 여러 장의 원산농대 현지지도 사진 중에는 김정은이 장성택 노농당 부장과 김기남 당 비서 등 고위 간부와 아버지를 기다리는 모습이 포함돼 있다. 특히 후계구도에서 밀려난 정은의 친형 정철과 여동생 여정으로 추정되는 인물들이 함께 서 있는 점이 눈길을 끌었다. 사진이 입수된 직후, 당국은 모종의 루트를 통해 당시 김정일 방문에 따라온 인물들에 김정은이 포함됐다는 사실을 확인한 것으로 알려졌다. 북한이 이 사진을 공개한 배경에 대해서는 논란이 일었다. 북한이 김정은의 모습을 철저히 베일에 싸고 있던 시점에서 이해할 수 없는 행동을 했다는 지적이다. 일각에서는 중앙통신이나 북한 노동당의 선전·선동 담당 간부들이 실수로 천기를 누설한 것이란 관측도 내놓는다. 빽빽한 나무들 사이에 얼굴 윤곽도 제대로 파악되지 않을 정도의 사진을 제대로 된 공개라 보기 어렵다는 측면에서다.

김정은은 집권 이후에도 강원도 원산에 애착을 보였다. 마식령에는 11개의 대형 슬로프를 가진 스키장을 건설했고, 갈마비행장을 국제공항으로 만들어 호텔을 짓는 등 국제관광특구

마식령 스키장

로 만들겠다는 구상을 드러냈다. 이런 모습들을 두고 북송 재일교포 출신인 고영희가 만경봉호가 닿은 원산에서 상당기간 체류했을 가능성을 제기한다. 그녀가 '원산댁'으로 불렸다는 설도 있다는 점에서다. 김정은이 김일성·김정일 전용별장인 원산 특각에서 출생했다는 이야기도 있다.

'존경하는 어머니'로 불리다

고영희가 처음 한·미 정보당국과 언론의 관심을 끌게 된 건 그가 낳은 큰아들 김정철(김정은의 친형)이 후계 1순위에 오르면서다. 성혜림의 소생인 김정일의 장남 김정남이 2001년 5월 일본에 밀입국하다 잡혀 국제적 망신을 산 후 후계자 후보에서 밀리면서 차남인 김정철이 유력한 후계자로 떠올랐다. 김정철이 부상하면서 자연스레 고영희에 대한 우상화 작업이 시작됐다는 첩보들이 흘러나오기 시작했다.

2002년 8월 조선인민군출판사에서 대외비로 펴낸 자료는 고영희를 '존경하는 어머님'으로 표현하기까지 했다. 이전까지 북한체제에서 '어머니'는 김정일의 생모인 김정숙(1949년 9월 사망)만을 지칭하는 표현이었다. 북한 후계문제의 향배가 어떻게 될지에 세간의 관심이 쏠렸던 당시로서는 매우 흥미로운 정보가 아닐 수 없었다. 하지만 '어머님'으로까지 우상화할 수 있느냐를 두고 첩보 입수 초기 북한 정보파트 내에서도 반신반의하는 분위기가 있었다. 하지만 한·미 정보당국은 대북 첩보망을 총동원해 입수한 정보를 분석한 결과 사실에 일치한다는 결론을 내렸다.

조선인민군출판사의 우상화 자료와 함께 김대중 정부가 출범한 1998년 최전방의 북한군 민사행정경찰부대들을 대상으로 고영희에 대한 개인숭배가 이뤄졌다는 증언도 나왔다. 북한군 2군단 6사단에 근무하다 귀순한 병사 주성일의 입을 통해서다. 주성일은

2002년 2월 김대중 대통령과 조지 W. 부시 미 대통령의 도라산역 방문 하루 전 휴전선을 넘어 한·미 정보당국을 극도로 긴장케 한 인물이다. 아버지가 북한 공군의 비행단장 출신인 주성일은 휴전선 일대 대남 선전방송을 담당했다.

주성일은 "김정일의 부인인 고영희를 '사모님', '우리의 어머님'으로 불렀고 '사모님 따라 배우기'를 군 총정치국의 주도로 활발하게 벌였다"고 증언했다. 주성일은 특히 "1999년 봄 김정일이 전방부대를 방문했을 때 고영희도 함께 왔다"며 "고영희는 인민군들에게 부식을 챙겨 주고 함께 사진을 찍기도 했다"고 말했다. 고영희가 김정일의 군부대 현지지도에 동행했다는 증언은 우리 관계당국 요원들의 촉각을 곤두서게 했다.

주성일의 증언이 사실이라면 그녀가 북한의 퍼스트레이디 역할을 하는 것은 물론 후계자 옹립을 위한 활동도 벌이고 있다는 말이기 때문이다. 병사들의 생활관인 병실兵室에 고영희 초상이 걸리는 등 숭배 움직임도 있었다는 게 주성일의 설명이다. 하지만 이 대목에 대해서 정보기관은 개연성이 충분하다는 판단을 하면서도 구체적인 사실관계 확인은 못한 것으로 전해지고 있다. 이런저런 설이 많았지만 2004년 5월 고영희의 사망 이후 우상화 작업이 완전히 중단된 상태라 더 이상 추적이 불가능했다는 것이다. 한·미 정보당국은 김정은체제가 들어선 뒤인 2012년 6월 북한 당국이 고영희가 김정일과 함께 전방부대 등의 방문 장면을 담은 간부용 대외비 기록영화를 입수해 분석하고 나서야 주성일의 전언이 사실임을 확인할 수 있었다.

기록영화로 사후 공개된 생모 고영희

2012년 초 김정은 집권 직후 고영희를 우상화하는 영화가 흘러나와 한국과 일본 언론의 관심을 끌었다. 〈위대한 선군 조선의 어머님〉이란 제목이 붙여진 이 기록영화는 고영희가 생전에 김정일과 함께 군부대 등 주요 장소를 현지 방문하는 모습이 담겨 있다.

이 영상에서 고영희는 젊은 시절 만수대예술단원으로 활동할 때보다 살이 많이 오른 모습으로 등장했다. 선글라스 차림의 고영희는 스스럼없이 당당하게 움직이는 모습을 보였다. 이 기록영화를 본 북한 전문가와 고위 탈북자들은 "김정일 앞에서 선글라스를 벗지 않고 자연스레 행동할 수 있다는 건 그만큼 고영희의 위상이 절대적이었다는 걸 의미한다"고 말했다. 또 고영희를 수행한 여성들이 대부분 북한 노동당과 군부의 핵심 간부 부인이란 점도 북한 외교관 출신 탈북자인 현성일 국가안보전략연구소 박사 등의 증언을 통해 확인됐다.

군부의 핵심 간부들이나 부대 관계자들은 고영희를 안내하느라 부산하게 움직이는 모습이었고, 고영희는 이들과 한손으로 악수를 나눴다. 최고 권력자인 김정일의 여자이자 미래권력인 후계자 김정은의 생모가 아니고서는 상상하기 힘든 일이었다.

김정은에 대한 우상화 작업은 김정일 사망 이후 속도를 냈다. 조총련 조선신보는 2012년 11월 18일 보도에서 "평양에서 김정은 국방위 제1위원장의 비범성을 다룬 도서 『선군혁명 영도를 이어가시며』 제1권이 발간됐다"고 전했다. 노동당출판사가 발간한 이 책에는 김정은이 어릴 때부터 "세계 정치는 물론 군사를 비롯한 다방면적인 지식을 소유했다"고 되어 있다. 또 "어린 시절 총도 쏘고 승용차도 운전해 사람들을 놀라게 했다"는 선전내용도 담고 있다.

평양 외곽 강동군에 김정은의 생가가 성역으로 조성되고 있다는 소문도 2010년께 북한 내부에서 흘러나오기 시작했다. 북한 민주화활동을 벌이는 일본의 민간단체 '구출하자 북한 민중, 긴급행동 네트워크RENK'의 이영화 대표는 그해 7월 15일 언론과의 인터뷰에서 "북한이 김정은의 생가를 조성하고 있다는 정보가 입수됐다"고 밝혔다. 2009년 3월부터 군부 주도로 평양 중심부와 강동군을 잇는 철도공사를 벌이다가 같은 해 여름에 중단한 일이 있는데, 2010년 7월 철도공사를 재개하면서 생가 조성공사도 함께 벌이고 있다는 말이었다. 이 대표는 "북한은 '김정은의 제1의 고향은 강동군이고, 제2의 고향은 원산'이라고 선전하고 있다고 한다"고 전했다. 북송 재일교포 출신 무용수였던 고영희가 처음 도착한 북한 땅이 만경봉호가 도착한 원산항이란 점에서다. 한국의 북한 전문 인터넷매체 데일리NK도 2010년 5월 13일 도쿄에서 개최한 한 세미나에서 "김정은의 생가가 있는 평양 강동군 향목리에서 주민을 다른 지역으로 이주시키는 사업이 벌어지고 있다"고 밝혔다. 김정은 생가와 평양 중심부를 연결하는 '1호 행사 철도 작업'이 진행 중이라는 사실도 공개했다. 1호 행사는 김일성이나 김정일과 관련한 행사를 말한다.

김정은 공부 가르치는 고영희

생가 조성 주장에도 불구하고 김정은이 태어난 곳이 어디인지는 정확하게 밝혀져 있지 않다. 일각에서는 김정은의 생모 고영희의 별장인 평북 창성의 특각이 태어난 곳이라 이를 생가로 만들 것이란 주장도 있다. 생가 조성 움직임과 관련한 북한의 정확한 의도 등 사실관계를 규명하기 쉽지 않다는 얘기다. 하지만 김정은 후계구축이 추진되고 있는 상황에서 생가 조성은 당연한 수순이라는 분석도 제기된다. 김일성은 평양 만경대 구역에 있는 자신의 생가를 '만경대 생가'로 명명하고 우상화 선전의 장으로 삼고 있다. 또 김정일은 김일성이 항일 빨치산 활동을 하던 백두산의 밀영^{백두산 밀림 속의 비밀병영}에서 출생했다고 주장하고 있다. 3대 세습 과정에서 만경대 생가와 백두산 밀영을 이을 김정은 생가는 필수란 얘기다.

김정은에 대한 우상화 움직임은 2012년 김정은의 생일인 1월 8일 기록영화를 통해 처음 시작됐다. 한 달 전 김정일 사망으로 막 상례식을 마친 식후 곧바로 김성은 띄우기에 착수한 것이다. 조선중앙TV로 방영된 〈백두의 혁명위업을 계승하시어〉란 기록영화는 김정은을 "16살 때 김일성의 업적을 논문 대작으로 완성한 사상

이론의 천재"로 묘사했다. 또 김일성군사종합대학 재학 때는 매일 3~4시간만 자면서 공부했다고 찬양하기도 했다.

북한은 2012년 8월 김정은 기념우표를 첫 발행했다. 또 노동신문 1면 상단에 '위대한 김정은 동지를 영도의 중심, 단결의 중심으로 높이 받들어 모시자'라는 구호를 등장시켰다. 김정은 배지가 배포되고 있다는 얘기도 흘러나온다. 대북 전문 인터넷매체인 데일리 NK는 "김정은이 충성심 고취를 목적으로 자신의 초상이 그려진 배지를 제작해 국가안전보위부 고위 간부들에게 우선 배포했다"고 전했다. 김일성·김정일 초상화에 이어 김정은 초상화도 각급 기관과 가정에 보급될 것이란 전망도 나온다. 하지만 우리 정보당국은 "확인되지는 않은 정보"라는 입장이다.

고영희 평양 운구,
파리의 한국 정보요원들이 개입

2004년 5월 파리에서 숨을 거둔 고영희의 사망 사실은 우리 정부당국자에 의해 뒤늦게 확인됐다. 8월 말 이종석 국가안전보장회의NSC, National Security Council 사무차장은 언론사 외교안보 담당 간부와의 저녁식사 자리에서 고영희 유고 사실을 발설했다. 기사화를 않는 조건으로 북한 관련 현안을 설명하는 자리였다. 한 언론이 비공개 약속을 깨고 이튿날 이를 기사화했고 결국 고영희 사망이 알려졌다. 고영희는 정남·정철 두 아들과 여정이란 딸을 두고 있었고,

여동생 영숙은 90년대 말 서방으로 망명한 것으로 소개됐다.

고영희는 사망하기 한 해 전인 2003년 10월 평양에서 교통사고를 당해 중태에 빠졌다는 루머에 휩싸였다. 그렇지만 고영희는 사고가 아닌 암으로 인해 고통 받은 것으로 파악됐다. 사고설이 나돈 직후인 2003년 10월 말 정세현 당시 통일부 장관은 국회 답변에서 "고씨가 상당히 중한 병을 앓고 있는 것으로 알고 있다"고 말했다. 그는 "고씨가 몇 해 전 유선암 수술을 해외에서 두 차례 받았는데, 최근 재발돼 건강이 매우 좋지 않다"고 상당히 구체적인 상황을 공개했다. 그는 1998년께 유선암을 진단 받아 한쪽 유방을 절제해야 했다. 하지만 의료진의 종용에도 불구하고 절제 대신 항암치료를 선택한 것으로 알려졌다. 결국 5년여 뒤 암이 재발해 파리의 한 병원에서 치료 받던 중 사망한 것이다.

신병치료차 파리에 머물던 고영희가 숨지자 북한은 시신을 운구하기 위해 고려항공 특별기를 보냈다. 이 과정에서 최고급 관이 베이징을 거쳐 평양에 들어가는 것이 목격돼 북한 최고위급 인물의 사망이 있었을 것이란 추측성 보도가 나오기 시작했다. 당시 우리 정부는 북한을 자극할 수 있다는 점과 망자에 대한 예우라는 차원에서 관련 정보를 비밀에 부쳤다.

당시 노무현 정부가 고영희의 시신을 평양으로 운구하는 과정에서 북한에 이런저런 도움을 줬다는 점도 드러났다. 프랑스와 국교가 없는 북한으로서는 국모격인 고영희가 파리에서 사망한 것이 여간 당혹스러운 일이 아니었다. 이런 점을 간파한 한국 정부가 현지의 외교공관과 정보요원을 동원해 시신 수습이나 운구 등의 관련 대책을 도왔다는 것이다. 김정일은 당시 시신 운구를 위해 고려항공 특별기를 프랑스에 보냈다. 당시 사정에 밝은 정보기관의 핵심 관계자는 "김정일의 특명을 받은 운구단이 평양에서 왔는데 놀랍게도 단장이 여자였다"며, "확인 결과 그 여성은 김정일의 또 다른 여인인 김옥이었다"고 귀띔했다. 김옥은 김정일의 기술서기$_{수행비서}$ 출신으로 알려져 있다. 그는 고영희 사망 이후 김정일과 함께 지내며 사실상 퍼스트레이디 역할을 한 것으로 관계당국은 파악하고 있다.

고영희는 생전 김옥과 좋은 관계를 유지한 것으로 알려져 있다. 당시 한국 정부가 고영희의 시신 운구 과정을 도운 데 대해 보고받은 김정일은 고위 채널을 통해 노무현 대통령 측에 감사의 뜻을 전달해 온 것으로 핵심 관계자는 전하고 있다.

김정은, 유선암센터에 심혈을 기울인 사연

2012년 7월 1일 김정은은 북한의 대표적 산부인과인 평양산원 산하 연구소 건설현장을 찾았다. 유선암$_{유방암}$ 전문치료기관인 '유선종양연구소'다.

노동신문 7월 2일자 보도에 따르면 김정은은 공사 현장 곳곳을 세심하게 돌아본 뒤 "어버이 장군님$_{김정일}$이 직접 제작을 의뢰하고 특별히 관심을 가졌다"고 강조했다. 특히 그는 "연구소에는 아까울 것이 없다"며 모든 자재와 인력·기술을 투입할 것임을 밝혔다. 그는 "여성들이 정기 검진을 받게 해서 유방암에 걸리지 않도록 하는 것이 당의 예방의학정책"이라는 점도 역설했다. 북한의 최고 지도자가 특정 의료기관을 방문해 이렇게 특별한 언급을 보인 건 이례적이다.

김정은이 이 연구소에 각별한 애착을 나타낸 건 그의 생모인 고영희와 관련이 있다. 고영희가 2004년 프랑스에서 유선암 치료를 받던 중 숨졌기 때문에 김정일과 아들 김정은이 이런 관심을 보인 것이란 얘기다. 김정일은 28년 동안 자신과 살며 사실상 퍼스트레이디 역할을 한 고영희가 암에 걸리자 프랑스 파리로 보내 치료를 받게 했다. 당시 미국 등 서방 정보기관은 평양·파리 간 국제전화 감청을 통해 김정일이 불치의 병에 걸린 고영희에 대해 애틋한 감정을 표현한 사실을 생생하게 파악할 수 있었다.

유선종양연구소는 김정은의 지시에 따라 2012년 2월 착공됐다는 게 노동신문의 설명이다. 면적이 8,500여 평방미터인 연구소엔 유선촬영실, 항암치료실, 수술실 등이 마련됐고 최신 의료설비가 갖춰졌다고 한다.

김정일도 2011년 12월 사망하기 직전에 유선암 치료시설 건립에 각별한 관심을 쏟았다고 한다. 노동신문은 "어버이 장군님김정일께서는 그해 11월 6일 유선종양연구소를 건립하는 데 대한 간곡한 당부를 했다"고 보도했다.

연구소 준공식은 김정은의 현지 방문 석 달 뒤인 10월 8일 열렸다. 노동당 창건 기념일10월 10일까지 완공하라는 김정은의 지시에 따른 조치였다. 준공식에는 최영림 내각 총리, 최태복·문경덕 노동당 비서 등이 참석했다. 최창식 보건상은 준공사에서 "유선종양연구소는 위대한 김정일 대원수님의 발기와 경애하는 김정은 원수님의 세심한 지도에 의해 솟아났다"고 말했다.

생모에 대한 김정은의 각별한 마음은 그가 북한에 '어머니의 날'을 제정한 데서도 엿볼 수 있다. 북한 관영 조선중앙통신 2012년 9월 22일자 보도에서 김정은이 평양화초연구소를 현장 방문한 자리에서 "국가적으로 어머니의 날이 제정된 것만큼 꽃을 사다가 어머니나 아내에게 주면 좋아할 것"이라고 언급한 것으로 소개했다.

평양 대성산에 묻힌 고영희

프랑스 파리에서 암 치료를 받던 중 2004년 5월 숨진 김정은의 생모 고영희의 시신은 고려항공 특별기편을 통해서 평양으로 운구됐다. 하지만 이후 행방이 묘연했다. 그저 김정일의 지시에 따라 묘소가 마련됐을 것이란 추정이 나왔지만 구체적인 사항은 흘러나오지 않았다. 대북정보 관계자는 "생존 시에도 고영희와 관련한 사항을 파악하는 건 가장 어려운 정보활동목표 중 하나였다"고 말했다. 공개활동이 포착되는 김정일과 달리 고영희를 비롯한 권력 핵심부 여성들의 경우 행적을 쫓는다는 건 거의 불가능에 가까웠다는 얘기다. 한국에 망명한 고故 황장엽 전 노동당 비서를 비롯한 핵심 고위층들도 김정일 일가의 가족사항이나 내밀한 안방 이야기에는 깜깜이였다.

고영희의 묘지와 관련한 구체적인 이야기가 흘러나온 건 김정은이 권력을 잡은 이후인 2012년 8월 2일자 일본 산케이 신문을 통해서였다. 이 신문은 일본 내 북한 관련 시민단체인 '구출하자 북한 민중, 긴급행동 네트워크' 등으로부터 입수한 자료를 토대로 구체적인 사항을 처음 전했다. 묘비 앞면에 고영희의 사진이 새겨져 있고 뒤편에는 '1926년 6월 26일 출생, 2004년 5월 24일 서거, 선군 조선의 어머니 고용희'라고 기록돼 있다고 전했다. 고영희가 아닌 '고용희'로 표기된 점이 특이했다. 다만 고영희의 나이로 볼 때 1926년생이란 건 신빙성이 없어 보이며 묘비 내용이 외부로 전해지는 과정에서 잘못 전해진 것으로 보인다. 우리 당국은 고영희가 1953년생인 것으로 보고 있다.

산케이의 보도에 대해 국정원 등 우리 정보당국은 "우리도 그런 첩보를 갖고 있다"고 밝혔다. 대체로 사실에 부합할 가능성이 있다는 얘기였다. 이후 추가적인 정보수집활동에 나선 당국은 대성산 지역에 비교적 소박한 규모의 봉문과 함께 잔디로 덮여 조성된 고영희의 묘소와 묘비 사진을 입수해 관련 첩보를 '시인된 정보'로 격상시켰다. 북한 당국이 고영희의 묘소를 조성했다는 사실은 2013년 10월 8일 열린 국회 정보위에서 남재준 국정원장이 관련 내용을 공개하면서 확인됐다. 정보당국자는 "고용희로 표현한 건 그녀가 북송 재일교포 출신의 무용수란 점이 알려지는 걸 북한이 꺼려하기 때문일 것으로 분석하고 있다"고 말했다.

심수봉 노래를 김정일과
함께 듣다

고영희를 가장 가까이에서 지켜본 사람은 김정일의 요리사로 알려진 일본인 후지모토 겐지다. 그는 자신의 책에서 고영희가 자신에게 "김정일과의 연애시절, 둘이 자동차 속에서 심수봉의 〈그

후지모토 겐지를 인터뷰하는 저자

때 그 사람〉 같은 한국노래를 밤새 들었다"며 털어놓았다고 전해 주변 사람들을 놀라게 했다.

후지모토 겐지는 평범한 도쿄의 초밥 요리사였다. 하지만 1982년 북한으로 건너가면서 그는 '팔자를 고친 사람'으로 불렸다. 월급으로 50만 엔 정도를 받았고 김정일의 각별한 배려 속에 초호화판 생활을 즐길 수 있었다. 그가 방북 경험을 담아 쓴 책 『김정일의 요리사』에는 모터보트를 즐기고 여러 대의 자가용 벤츠를 타고 있는 사진이 잔뜩 실려 있다.

후지모토가 평양에서 '일급 요리사'로 변신하게 된 것은 철저하게 김정일의 미각에 맞춘 특별요리를 준비할 수 있었기 때문이다. 후지모토는 한때 일본으로 돌아와 정착하려 했지만 월급이 30만 엔으로 줄어든 데다 대접도 평양 같지 않자 다시 북한을 찾았다. 그러나 중국 방문길에 일본 경시청 외사 수사관에게 건 전화가 북한 당국에 의해 도청되어, 간첩 혐의를 받게 될 것을 우려해 2001년

북한을 탈출했다.

고영희는 통 큰 모습을 드러내 보이기도 했다고 한다. 후지모토는 고영희를 '사모님'이라고 불렀다고 전했다. 한번은 "힘드신 장군님께 장어요리를 자주 해줘서 고맙다"며 봉투를 건넸는데 그 안에 5,000달러가 들어 있었다는 것이다.

절대 권력자였던 김정일의 각별한 총애를 받고, 자신의 소생을 그 후계자로 만드는 데 성공한 여인이었지만 고영희는 병마와 싸워야 했다. 북한은 그녀의 병 치료를 위해 모든 의료시설과 인력을 동원했지만 허사였다. 결국 퍼스트레이디와 관련한 사항이 서방 정보기관에 고스란히 노출될 수 있다는 부담 속에서도 프랑스 파리에서 유선암 치료를 받았다. 그렇지만 현지에서 수술 도중 불귀不歸의 객客이 되고 말았다.

고영희가 뇌신경계의 지병에 시달렸다는 증언도 했다. 후지모토는 2003년 10월 23일자 일본 산케이 신문과 인터뷰에서 고영희가 2000년 12월 28일 신천초대소에서 자장면을 먹던 중 젓가락을 떨어뜨린 뒤 다시 주워 올리지 못했다고 전했다. 당시 김정일은 주치의로부터 "머리에 구멍을 내면 곧바로 낫는다"는 말을 들었으나 "그런 방법으로 반신불수된 사람을 많이 봤다"며, 바로 고영희를 프랑스로 보내 치료를 받게 했다는 것이다.

1981년 출산한 장남 정철의 건강이상도 그녀를 괴롭힌 요인으로 꼽힌다. 김정일과 성혜림이 낳은 장손인 김정남이 일본 불법입국 과정에서 체포되는 등 물의를 빚어 후계대열에서 낙마하자 정철은 후계 1순위가 됐다. 하지만 건강문제가 생겼다. 김정철이 호르몬 계통 이상 질환으로 여성처럼 가슴이 불거지고 목소리는 여자처럼 변하는 증세에 시달렸다는 것이다. 정보당국자는 "김정철이 건강이상 증세로 후계구도에서 밀려난 때와 고영희가 유방암으로 어려움을 겪던 상황이 시기적으로 비슷하게 겹친다"고 말했다. 불치의 병에 걸려 죽음을 앞두게 된 고영희가 정철의 상황에 대해 각별히 애틋함을 보일 수밖에 없었을 것이란 얘기다.

김정일의 최후를 지킨 여비서

김정일과 조용필 노래를
열창하다

    평양에서 고속도로로 한 시간 남짓 걸리는 묘향산. 이곳에 자리한 김정일의 전용별장인 특각에는 특별한 손님을 위한 점심식사가 준비돼 있었다. 금강산관광 등 굵직한 대북사업 프로젝트 사업자인 현대아산을 이끌던 현정은 현대그룹 회장 일행을 위한 최고지도자의 오찬이었다.

    2009년 8월 16일 낮 12시. 김정일이 현 회장이 기다리고 있던 연회장에 나타났다. 두 사람의 만남은 일주일 가까운 기다림 끝에 성사됐다. 당초 10일 방북 때는 2박 3일로 예정된 일정이었으나 김정일과의 면담 일정이 잡히지 않자 현 회장은 평양 체류 일정을 연장하며 만남을 요청했다. 김정일 면담 여부는 서울에 있는 언론들에게도 최대관심사였다. 북한 경비병에 의한 관광객 피격사망사건으로 2008년 7월 중단된 금강산관광이 1년여 만에 재개의 실마리를 찾을 수 있을까 하는 기대감에서였다.

    현 회장을 향해 웃으며 안부인사를 건네는 김정일의 뒤편으로 40대 중반의 한 여성이 따라 나왔다. 그리고는 김정일 바로 옆자리에 앉았다. 그녀가 누구인지

현정은 회장과 딸을 접견한 김정일

는 아무도 설명하지 않았다. 현 회장도 묻지 않았다.

　와인을 곁들인 점심식사는 분위기가 무르익으면서 네 시간 동안이나 이어졌다. 이 자리에는 고故 정몽헌 전 회장과 현 회장의 딸 정지이 현대U&I 전무가 함께했다. 정 전무는 이날 김정일에게 잠옷을 선물했다. 하지만 대외적으로 공개되지는 않았다. 정몽헌 전 회장의 대북사업 열정을 높이 평가해 온 김정일은 정 전무에게 특별한 다정함을 보였다. 북한 관영 조선중앙통신은 이날 김정일의 오찬 소식을 전하면서 "현대그룹의 선임자들에 대하여 감회 깊이 추억하시면서 동포애 넘치는 따뜻한 담화를 하셨다"고 밝혔다. 또 "현 회장이 김정일 동지께 선물을 드렸다"며 "김정일 동지께서는 이에 사의謝意를 표했다"고만 설명했다.

　딱딱했던 처음 분위기가 거의 누그러지고 화기애애해지자 김정일은 만족스러운 표정을 지으면 무언가를 지시했다. 잠시 후 전자악기와 장비를 갖춘 밴드가 등장했다. 여흥을 위한 프로그램이었다. 김정일이 선택한 노래는 놀랍게도 조용필의 〈그 겨울의 찻집〉이었다. 동석한 여성도 함께 불렀다. 현 회장 일행은 북한의 지도자가 주민들에게 철저히 금지된 남조선가요를 능숙하게 부르는 장면을 보며 속으로 놀라움을 금치 못했다고 한다. 이 자리에서는 모두 11곡의 노래가 불렸고, 김정일은 모두 3곡의 남한노래를 선택한 것으로 대북 소식통은 밝혔다.

　김정일과 호흡을 맞춰 남한가요를 부른 여인은 김옥이었다. 2004년 김정은의 생모 고영희가 사망한 이후 줄곧 김정일의 곁에 머물며 부인 역할을 하고 있는 것으로 알려졌던 김옥의 실체가 드러난 자리였다.

 현 회장은 면담 이튿날 개성공단을 연결하는 경의선 육로로 귀환했다. 기자들의 쏟아지는 질문에 현 회장은 김양건 노동당 통일전선부장으로부터 "(김 위원장의) 특별조치에 따라 편의와 안전이 철저히 보장된다"는 약속을 받았고 금강산관광 재개에도 합의했다고 말했다. 현 회장과의 면담에서 김정일이 직접 "앞으로 절대 그런 일이 없을 것"이란 언급도 했다는 설명이었다. 그러나 현 회장은 김정일과의 묘향산 특각 연회와 김옥이 동행한 사실은 함구했다. 하지만 통일부 정보분석국 고위 간부는 현정은 회장 측과 접촉해 방북 중 특이사항과 관련한 동향을 소상하게 파악했다. 이 과정에서 김정일과 김옥이 남한가요를 열창한 정황이 드러났다. 이후 통일부 고위 당국자들 사이에서는 김정일의 조용필 노래에 대한 사랑이 화제가 됐다. 부서 내 회식 등에서 노래방을 갈 때마다 "김정일과 김옥이 함께 부른 노래, 조용필의 〈그 겨울의 찻집〉을 부르겠다"며 마이크를 잡는 상황도 심심찮게 벌어졌다.

북한 선전화보에서 지워진 여비서

 김정일 시기 북한에서 최고 권력자의 여인이 된다는 것은 곧 세인들의 시선 속에서 잊혀야 하는 은둔을 의미했다. 첫 여인 성혜림이 그랬고, 정부인으로 알려진 김영숙 또한 한 번도 모습을 드러내지 못했다. 김정은을 낳은 고영희의 경우 사후에야 우상화 차원의 기록영화가 고급 간부용으로 제한적으로 만들어졌을 정도다.

김정일의 마지막 여인이라고 할 수 있는 김옥도 오랜 기간 자신을 드러내지 못하고 김정일의 그림자로 머물렀다. 그녀가 언제 어떻게 김정일의 눈에 들어 발탁되고, 그의 마지막을 지키는 역할을 할 수 있었는지는 알 수 없다. 하지만 한·미 정보당국은 김옥이 20대의 나이였던 1990년대에 이미 김정일과 각별한 사이였을 것으로 추정하고 있다. 북한이 김정일을 우상화하기 위해 만든 선전화보를 면밀한 추적 분석해 이런 결론을 내린 것이다.

1992년 2월 평양의 북한 선전물 발간기관인 등대사가 내놓은 김정일 우상 화보집에는 3대혁명전시관을 방문하고 있는 장면이 드러난다. 사상·기술·문화 등 3대 분야의 혁명을 뜻하는 3대 혁명은 김정일이 후계자 시절 자신의 업적을 쌓기 위해 주도한 일종의 개혁운동이다. 3대혁명전시관 방문 모습에는 당 간부들의 뒤편으로 세련된 모습의 젊은 여성이 드러났다. 비서격인 기술서기 직책을 맡아 김정일을 측근에서 보좌하고 있는 김옥이다.

하지만 2년 뒤인 1994년 6월 발간된 다른 선전화보에는 김옥의

김옥이 사라진 선전화보

before   after

모습이 사라진다. 같은 사진인데도 북한이 트리밍Trimming 작업을 거쳐 그녀를 지워버린 것이다. 그녀의 흰색 구두 끝이 사진 귀퉁이에 남아 있는 게 신경 쓰였는지 1995년 6월 조선화보사가 내놓은 화보에서는 아예 이 모습까지도 지운 흔적이 드러난다. 새로 수정된 사진 속 김정일이 오른쪽으로 치우쳐져 좌우 비례가 맞지 않는 것으로 볼 때 의도적으로 이 여성을 삭제한 것으로 정보 관계자들은 판단하고 있다. 이를 근거로 이 시기 김옥이 김정일의 여인이 됐을 것으로 정보당국은 보고 있다. 기술서기에서 김정일에게 간택된 '장군님의 여자'로 격상되자 흔적 지우기에 나섰다는 것이다.

이렇게 세인들의 관심 속에 잊힌 김옥이 다시 모습을 드러내는 데는 20년 가까운 세월이 필요했다.

김옥, 퍼스트레이디로 등장하다

중국 방문길에 나선 김정일은 2011년 5월 20일 첫 방문지인 헤이룽장黑龍江성 무단장牡丹江시에 도착했다. 숙소인 홀리데이인 호텔에 도착할 때 짙은 색 정장 차림의 50세 전후 여성이 김정일 차량 뒷좌석 왼편에 타는 모습이 포착됐다. 김정일의 여자가 아니라면 앞을 수 없는 자리였다. 오랜 기간 베일에 싸여 있던 김옥이 모습을 드러내는 순간이었다.

김옥이 외국 방문 중인 김정일의 지근거리에 있는 모습이 드러나면서 그녀가 북한 퍼스트레이디 역할을 위해 전면에 나선 것이란 관측이 대두했다. 외교무대에서 사실상 '영부인' 역할을 하는 셈이란 점에서다.

같은 달 24일 난징南京 소재 전자업체인 판다그룹 건물에 도착할 때 그녀의 모습은 더욱 또렷이 잡혔다. 연녹색 재킷 차림에 갈색 계열로 염색을 하고 짙은 화장을 한 상태였다. 누가 보더라도 한눈에 띄는 차림새다. 대북정보 관계자들은 퍼스트레이디에 준하는 인물이 아니면 '국가원수급' 의전차량 뒷좌석 왼쪽에 위치하기 어렵고, 눈에 띄는 차림새도 불가능에 가깝다는 점을 들어 그녀에 주목했다.

앞서 2010년 5월과 8월 김정일의 방중 때도 김옥으로 추정되는 여성이 등장해 정보당국을 긴장시켰다. 하지만 당시에는 장성택 국방위 부위원장을 비롯한 수행원보다 훨씬 뒷좌석에 앉았기 때문에 김옥이라고 보기에 석연찮은 대목이 있었다는 판단이 제기됐다.

김정일의 외국 방문에 동행하는 형태의 공개석상 등장은 한때 나돌던 김옥의 결혼설을 불식시켰다. 중앙일보는 2009년 11월 19일자 보도에서 "김정일 북한 국방위원장의 네 번째 여자로 알려져 왔던 김옥이 최근 노동당 간부와 결혼했다는 첩보를 우리 정보당국이 입수한 것으로 밝혀졌다"고 보도했다. 김옥이 서기실비서실 업무에서 손을 떼고 물러났으며 이는 중앙당에서 일하는 여성이 결혼할 경우 업무 집중도가 떨어진다는 이유로 직장을 옮기도록 하고 있기 때문이라고 전했다. 김정은의 생모 고영희가 2004년 사망한 이후 부인 역할을 해온 것으로 추정됐던 김옥의 결혼설은 뜻밖이었다. 그녀가 2008년 8월 김정일 건강이상 당시 핵심적인 역할을 하고 있다는 관측이 지배적이었기 때문이다.

결혼설은 그녀가 2009년 4월 최고인민회의 직후 대외 공개활동이 대폭 줄어들면서 나왔다. 김옥의 활동이 줄어드는 대신 김경희 노동당 부장의 활동이 크게 늘어난 배경에 상관관계가 있었다는 얘기였다. 하지만 김정일이 중국에 이어 러시아를 방문할 때도 김옥이 퍼스트레이디에 준하는 의전을 받게 되자 결혼설은 근거를 잃었다. 2011년 12월 김정일 사망 이후에도 김옥이 김정은의 행사에 김경희, 김여정 등 로열패밀리 여성들과 함께 등장하면서 "다른 남자와 결혼을 한 김옥이 계속 예우를 받는 건 있을 수 없는 일"이란 분석이 나왔다.

김옥이 김정은 낳았다는 소문까지도

후계구도에서 김옥이 상당한 역할을 할 것이란 관측이 제기되면서 실제로는 그녀가 김정은의 생모라는 설까지 제기됐다. 김정은의 이복형인 김정남이 이 같은 '후계자의 출생 비밀'을 지인에게 언급했다는 소문이었다. 정은의 생모가 김옥이라는 사실은 북쪽 지도부 안에서도 아주 제한된 사람들만 아는 내용이란 얘기와 함께 이게 널리 알려지면 정은이 김씨 가문의 혈통을 정통으로 계승하지 못한 인물이 되는 것이란 관측이 제기됐다. 북한의 후계구도가 뒤

틀릴 수 있는 왕가 혈통의 비밀이란 것이다.

이 풍문에 따르면 김옥은 평양음악무용대학을 졸업한 1980년께 기쁨조로 발탁됐다. 김일성·김정일 부자의 궁중비밀파티에 동원되거나 애첩 역할을 해야 하는 조직인 기쁨조는 미모와 건강 등을 갖춘 극소수의 젊은 여성만 선발되는 것으로 탈북자들은 전하고 있다. 김옥은 곧 김정일의 건강관리 담당서기가 됐고 내연의 관계로 발전했다. 김옥은 1984년 남자아이를 출산했는데, 이 아이가 정은이란 얘기다. 이 아이가 고영희의 아들로 꾸며지고, 맡겨졌다는 게 김정은 출생 비밀의 개략적인 줄거리였다.

김옥은 고영희 생존 시에도 김 위원장의 해외 방문을 수행하고 자녀들의 사생활을 도와 왔다고 한다. 또 고영희 사후 김옥이 사실상 퍼스트레이디 역할을 하고 있는 것은 이런 관계 때문이라는 설명이다. 김옥은 김정일 서기실 부부장 및 국방위원회 간부로 임명됐으며 당·군 인사에도 관여한다는 설이 제기될 정도로 영향력이 커졌다고 한다. 이런 '천기'를 알고 있는 김정남이 김정은과의 후계 경쟁에서 패하면서 소문을 냈다는 것이다.

중앙선데이는 2010년 6월 4일자 보도에서 김정남과의 인터뷰를 싣고 이 소문에 대한 그의 입장을 물었다. 김정남은 마카오 신도심인 코타이의 38층짜리 알티라 호텔 10층 양식당인 오로라에서 한 20대 여성과 식사를 마치고 나오다 서울에서 그를 추적하러 간 기자와 마주쳤다. '모자에서 신발까지 명품으로 치장하고 다닌다'는 교민들의 전언처럼 김정남은 랄프로렌 셔츠, 페라가모 스웨이드 로퍼 등으로 한껏 멋을 낸 차림이었다. 이틀 뒤 전신사진과 함께 기사가 나가자 모자, 셔츠, 청바지, 신발까지 블루톤으로 색상을 통일한 그의 패션감각은 상당기간 사람들의 입에 오르내렸다.

김정남은 서울에서 왔다는 기자의 소개에 간단한 인사만 나눈 채 자리를 뜨려다가 "남쪽 기자는 처음 만납니다. 지금까지 일본 기자는 좀 만났지만……."이라며 인터뷰에 응했다. 이 자리에서 김정남은 김정은의 출생 배경과 관련한 기자의 질문에 "뭔 얘긴지 전혀 모르겠다"며 답을 피했다. '동생 김정은이 김옥 여사의 아들이란 말을 하고 다닌다더라'는 기자의 질문에 대한 반응이었다. 김정은이 고영희의 아들이 아니라 고영희 사망 이후 김정일의 부인 역할을 하고 있는 김옥의 소생이란 풍문에 대한 문의였다.

한국의 정부 당국자들은 김정은이 김옥 소생이란 일각의 주장에 대해 "사실로 확인되지 않은 내용"이라고 부인했다. 대북정보 담당자는 김정은이 김옥의 소생이란 소문에 대해 "김옥은 1990년대 들어서도 김정일의 공개활동에 동행했고 1992년 2월까지도 관련 모습이 선전화보 등에 등장한 것으로 파악하고 있다"며 "김옥이 김정일의 아들을 낳았다면 그런 식으로 얼굴을 드러낸다는 건 난센스"라고 말했다. 김정은이 고영희의 아들이란 점은 확증된 사실이란 얘기다. 1964년생인 김옥의 나이를 감안할 때 1984년생으로 파악되고 있는 김정은을 낳기에는 너무 이르다는 관측도 있다. 김정남도 인터뷰에서 "그런 (김정은이 김옥 소생이라는) 말을 한 적이 없다"고 부인했다.

김정남이 자신의 발언을 부인하는 건 어쩔 수 없는 선택이란 관측도 있다. 김정남이 해외 언론과 마주칠 기회가 있을 때마다 '후계문제에 관심이 없다. 조용히 살겠다'는 의미로 읽히는 언급을 반복한 건 평양에 보내는 자기보호용 메시지였을 뿐이란 것이다. 하지만 속으론 동생 김정은에게 당했다는 생각에 분을 삭이지 못하고 신정희, 이혜경, 서영라 등 부인과 내연녀, 오스트리아에 사는 이종사촌누나 김옥순 같은 사람들에게 본심을 털어놓았다는 것이다. 김정은이 김옥 소생이라는 소문은 2010년 9월 28일 3차 노동당 대표자회에서 김정은이 공식 등장한 며칠 뒤 정부 핵심 당국자에 의해 다시 한 번 부정됐다. 이 당국자는 "김옥이 19~20세에 김정일을 만나 애를 낳았다는 얘기인데 그렇게 일찍 김정일 곁에 있었는지는 모르겠다"라고 말했다.

김정일의 마지막을 함께하다

김옥은 우리 정보당국이나 미 정보기관이 작성한 북한 로열패밀리 가계도에 김정일과 사실상 혼인관계에 있는 여자로 등장한다. 20대 때 김정일의 옆에 붙어다니다시피하며 업무파일 등을 챙겨 주던 그녀의 모습은 정보 관계자들의 관심거리였다.

김옥은 2004년 고영희 사망 이후 사실상 김정일의 부인자리를 차지했다. 1964년생인 그는 평양음악무용대학에서 피아노를 전공했으며 1980년대 초부터 고영희가 사망할 때까지 김정일의 기술서기로 활동했다는 게 우리 정보당국이 파악한 내용이다. 기술서기란 노동당 정치국 후보위원 이상 간부들의 건강을 보살피는 직책으로 간부 한 명당 한 명이 배치되고 주로 간호사들이 선발된다. 김정일에게는 여러 명의 기술서기가 있고 이들은 일반 간부의 기술서기와 달리 우리의 비서에 해당하는 업무를 담당하고 있다고 한다.

기술서기 중 김정일의 신임이 가장 두터웠던 김옥은 김정일의 군부대 및 산업시설 시찰 등 국내 현지지도 수행은 물론 외빈 접견에도 참석한 것으로 당국은 파악하고 있다. 또 2000년 10월 조명록 국방위원회 제1부위원장이 김정일 특사로 미국 워싱턴을 방문했을 때 수행원 자격으로 동행한 것으로도 알려져 있다. 당시 김옥은 김선옥이라는 가명과 국방위원회 과장 직함으로 조명록을 동행해 윌리엄 코언 미 국방장관, 매들린 올브라이트 미 국무장관 등과 면담에도 배석했다.

김옥이 2006년 1월 김정일의 중국 방문에도 국방위 과장 신분으로 동행해 퍼스트레이디 자격으로 상당한 대우를 받았으며 후진타오 중국 주석과 인사를 나눴다는 주장도 나온다. 2010년 5월과 8월 잇달아 이뤄진 김정일의 방중 때 세련된 모습으로 당 간부들과 함께 김정일을 수행하는 모습이 공개돼 관심을 끌었다.

2011년 8월 러시아를 방문중 김정일을 보좌하는 김옥

김옥이 김정일의 여자로 자리하면서 그녀의 가족들도 잘나갔다. 김옥의 아버지는 2009년 최고인민회의에서 대의원에 선출된 노

동당 재정경리부의 고위 간부 김효다. 공훈과학자로 선정되기도 한 남동생 김균은 김일성종합대학 1부총장을 지냈다. 김옥의 여동생은 2006년 김정일의 조카인 장금송(장성택 당 행정부장과 김경희의 딸이 프랑스에서 사망할 당시 곁을 지켰던 것으로 우리 정보당국은 파악하고 있다. 김옥에 대한 김경희의 신임이 매우 두터웠음을 보여주는 대목이다. 김정일의 여자로 자리 잡으면서 아버지와 남동생 등이 승승장구한 점도 김옥이 주목을 받게 된 요인이었다.

뜻밖의 김정일 유고사태……
평양 권력이 긴장하다

2008년 8월, 김정일 권력의 등장 이후 최고의 시련이 닥쳤다. 절대 권력자인 김정일이 뇌졸중으로 추정되는 건강이상으로 쓰러진 것이다. 그의 신변에 이상이 생겼다는 추정이 서방 정보기관과 언론을 중심으로 번지기 시작하자 세기의 이목은 평양에 쏠렸다.

북한 당국은 국방위원장 김정일의 유고사태 이후 그의 '건재'를 과시하기 위한 필사적인 노력을 기울였다. 그의 유고가 주민들에게 알려질 경우 체제동요가 일어날 수 있고 자칫 군부나 지도부 내부에서 권력 투쟁이 벌어질 수 있는 상황이었다. 첫 고비는 김정일이 쓰러진 지 한 달도 지나지 않아 닥친 북한정권 수립 60주년 기념일인 9·9절 기념 군사 퍼레이드였다. 북한군 최고사령관을 겸직하고 있는 김정일의 열병식 참석은 필수였다. 김정일이 2000년대 들어 열렸던 열병식에는 빠지지 않고 참석해 왔다는 점에서 그의 불참은 유고사태임을 대내외에 공개하는 것과 마찬가지였다. 북한은 이른바 '꺾어지는 해5, 10년 단위'에 성대한 행사를 연다. 정권 수립 60주년을 기념해 수개월 전부터 군과 주민들을 대대적으로 동원해 열병식 등 기념행사를 준비해 온 상황이었다. 한·미 정보당국은 평양 근교 미림비행장에서 행사 동원용으로 미리 준비된 240㎜ 방사포와 105㎜ 고사포를 비롯한 군사장비를 고고도 유인정찰기인 U-2기와 K-12 키홀 첩보위성 등으로 포착했다. 행사 당일인 9일 오전에도 열병식에 동원될 군 병력이 미림비행장에 집결해 있던 모습을 정보당국이 대북 감시망을 통해 확인한 상태였다.

하지만 김정일이 결국 불참하면서 그의 건강이상설은 급격히 확산됐고 기정사실로 굳어졌다. 정보당국은 북한이 김정일을 끝까지 참석시키기 위해 열병식 시간을 오후로 늦추며 안간힘을 쓴 것으로 대북 감청 등을 통해 파악해 냈다. 북한은 예정대로 진행이 어려워지자 한국의 민방위대에 해당하는 비정규군 조직인 노농적위대 등을 위주로 열병식을 진행했다. 당초 예정보다 훨씬 지연돼 오후 늦게 치러진 것이다. 정권 수립 60주년에 맞춰 여름부터 강도 높은 연습을 해온 북한군은 김정일이 끝내 행사장에 나타나지 않자 모두 철수해 소속부대로 귀대했다. 김정일의 이 같은 이상동향은 9일 밤늦게 TV에 나와 '대통령과의 대화' 행사를 마친 이명박 대통령에게 상세히 보고됐다.

'장군님 아주 자나?'에 담긴 의미는

한국 정부는 김정일이 쓰러진 직후부터 국가정보원 등을 중심으로 후계문제에 대한 재평가 작업을 심도 있게 벌였다. 향후 김정일의 통치가능시기와 평양의 권력승계에 대한 시나리오 검토도 마쳤다. 캐비닛에 들어 있던 김정은을 비롯한 북한 후계자 후보군의 인물파일에 대한 검토가 속속 진행됐다. 당시 국정원은 한기범 3차장 대북 담당을 중심으로 북한정보실과 대북전략국 요원, 그리고 박사급 전문가 등이 포함된 태스크 포스TF, Task Force를 긴급 가동했다. 김정일 와병 이후 북한체제의 동향에 대한 진단을 위해서였다. 김정일이 이미 사망했을 가능성도 염두에 둔 매우 심각한 논의였다. 건강이상으로 쓰러진 것으로 파악된 김정일의 병세와 관련해 북한 권력 핵심부가 철저하게 보안을 지키자 최악의 상황까지 가정한 논의를 벌인 것이다.

당시 사정에 밝은 핵심 관계자는 "김정일의 건강에 이상이 생겼다는 것을 확인한 직후 대북정보망에는 실제로 그가 사망했을 수 있다고 판단할 만한 첩보도 포착돼 정보기관을 긴장시켰다"고 말했다. 한·미 당국의 감청망에 김정일의 병실과 외부를 오간 통화내용이 잡혔는데 여기에 매우 흥미로운 내용이 담겨 있었다는 것이다. 이에 따르면 김정일 병실을 지키는 부관으로 보이는 인물에게 외부에서 전화를 건 한 고위인사는 나지막한 목소리로 "장군님 자나?"라고 물었다. 군관이 당황해하며 머뭇거리자 고위인사는 이번에는 "장군님 아주 자나?"라고 답을 재촉한다. 그러자 군관은 "그건 아닙네다"라고 짤막하게 답하는 내용이다. 정보당국은 김정일의 병세 체크를 시도할 수 있는 파워 있는 인사가 "아주 자나?"라고 말한 대목을 근거로 김정일의 병세가 사망에 이를 수 있을 정도로 한때 위중했던 것으로 판단 내렸다는 얘기다.

9·9절 행사 불발 이튿날인 9월 10일 열린 국회 정보위에서는 김정일의 건강이상문제가 중점적으로 다뤄졌다. 이 자리에서 국정원은 김정일이 뇌졸중으로 수술을 받은 것으로 보고한 것으로 알려졌다. 비공개 회의였지만 국회 정보위원들이 디브리핑_{비보도를 전제로 배경설명을 해주는 것} 형태로 기자들에게 전하거나 직접 방송출연 등을 통해 소개하면서 알려졌다. 수술문제까지 갈 정도로 상황이 심각하다는 관측이 번졌다. 국정원은 이에 대해 추가적인 확인을 하지도 않았고 부인도 없었다. 김성호 국정원장의 발언내용이 정확하게 전달되지 않았다는 점에 대해 유감스러워하면서도 "비공개 보고내용에 대해 정보기관이 사실관계를 구체적으로 언급하는 것은 바람직하지 않다"는 입장을 고수한 것이다.

하지만 김 원장은 정보위에서 김정일의 수술문제를 직접 언급한 적이 없는 것으로 곧 드러났다. 국정원 핵심 관계자는 당시 상황과 관련해 "김성호 원장은 김정일이 순환기 계통의 이상으로 쓰러졌다는 첩보가 있다는 점과 '현재 회복 중'이란 언급을 한 것"이라고 말했다. 수술 등의 이야기는 없었고 언론보도나 소문을 거론해 가며 정보위원들이 질문을 하는 과정에서 수술 얘기가 나온 것뿐이란 얘기다.

김정일의 치료를 위해 2008년 10월 방북했던 것으로 파악된 프랑스 신경외과 전문의 프랑수아 자비에 루Roux 박사도 같은 해 12월 11일자 르 피가로지와의 인터뷰에서 "김정일 위원장이 뇌출혈 피해를 입었지만 수술은 받지 않았으며 상태가 호전되는 중"이란 입장을 밝혔다. "양치질은 할 수 있을 정도"라는 청와대 고위 당국자의 언론에 대한 발언도 논란이 됐다. 김정일의 건강상태와 관련한 지나치게 소상한 설명 때문에 우리 정부의 대북정보 수집망에 심각한 위험이 닥치고 관련자들이 위험에 빠질 수 있다는 비판이었다.

'90세까지 활동'……
건강에 자신감 드러냈던 김정일

"동무들, 내가 팔구십까지는 일선에서 활동할 수 있지 않겠소. 난 자신 있어. 자신 있고말고."

2006년 10월 중순께 김정일은 자신의 집무실에 모인 당·정·군 고위 간부들에게 이렇게 공언했다. 며칠 전 첫 핵실험 감행으로 한반도에 조성된 극도의 위기감 속에서도 김정일은 자신의 통치능력에 대한 자신감을 드러낸 것이다. 한 해 전 12월 아들을 비롯한 가족과 최측근들에게 "혁명의 후계문제와 관련한 논의를 모두 중단하라"고 지시한 것도 이런 든든한 믿음이 배경이었다. 대북정보망을 통해 김정일의 언급내용을 입수한 국가정보원과 미 중앙정보국 CIA은 김정일체제가 상당기간 지속될 것이란 보고서를 작성했다. 당시 이 정보에 접근했던 고위 관계자는 "김정일은 정말 자신의 건강과 리더십을 자신하고 있는 분위기였던 것으로 정보 판단이 이뤄졌다"고 귀띔했다.

하지만 불과 2년여 만에 사정은 완전히 달라졌다. 2008년 8월 중순 '순환기 계통의 이상'으로 쓰러진 것으로 국가정보원이 확인한 김정일의 건강문제 때문이다. 김정일의 건강이상은 후계와 관련해 평양 권력 내부에 긴박한 움직임을 촉발했다. 이런 북한의 내부 상황은 서방 정보기관과 언론의 주목을 받았다. 한국과 미국은 물론 북한 정세에 관심이 있는 관련국 정보요원들이 베이징을 중심으로 정보 각축전을 벌였다. 이처럼 정보기관들이 중국에 몰려든 것은 중국이 알짜 정보를 챙기고 있을 것이란 판단에서였다. 북한은 김정일의 건강상태와 관련된 정보가 외부로 새 나가지 않도록 극비에 부친 채 철저히 관리해 왔다. "김정일이 중국을 방문할 때 북한 경호요원들은 배설물까지 철저히 수거해 갈 정도로 건강정보 노출을 꺼렸다"는 게 대북정보 핵심 관계자의 얘기다. 하지만 2008년 급작스러운 건강이상은 사정이 완전히 달랐다. 무엇보다 급작스러운 발병에 대처하기 위해 북한은 중국 의료진의 긴급한 도움을 받아야 했다. 국가정보원도 "김 위원장의 병실을 중국 의료진이 지키고 있다"고 사태 직후 국회 정보위에 보고한 바 있다.

서방 정보요원들뿐 아니라 일본 TV방송 등이 이들 의료진과 접촉을 시도하고 있는 것으로 전해졌다. 실제로 후지TV는 10월 29일 "김 위원장을 수술하기 위해 프랑스의 뇌신경 전문의가 27일 베이징 서우두首都 국제공항에서 오후 1시 40분에 출발하는 에어차이나 항공기를 타고 평양으로 들어갔다"고 보도했다. 보도에 따르면 이 의사는 파리 생탄병원 신경의학과장인 프랑수아 자비에 루인 것으로 밝혀졌다. 후지TV는 "프랑스 의사의 평양행은 김정일의 장남 김정남의 요청에 의해 이뤄졌으며, 방북에 앞서 김정남이 파리에서 카메라에 잡힌 것은 일부러 자신의 동선을 알려 줘 가능했던 것"이라고 분석했다. 앞서 후지TV는 김정남과 만난 것으로 추정되는 프랑스인 의사가 유네스코 주재 북한 대표부 차량을 타고 이동하는 모습까지 추적해 보도했다.

이와 관련 김정남은 2011년 1월 13일 일본 언론인 고미 요지와의 인터뷰에서 "프랑수아 자비에 루 박사는 저와 부친의 주치의였다"고 밝혔다. 당시 프랑스에서 루 박사를 방문한 뒤 평양으로 갔다는 얘기도 했다. 김정남은 "루 박사가 그 직후 평양에 왔기 때문에 결과적으로 제가 치료를 의뢰한 모양새가 되었다"고 말했다.

다시 담배를
꺼내 물다

김정일의 건강은 2008년 여름 뇌졸중으로 쓰러지기 전까지는 별 문제가 없는 것으로 파악됐다. 2007년 노무현 당시 대통령과의 2차 남북정상회담 개최가 발표되자 일부 전문가들은 '북한이 김정일의 건재를 과시하기 위해 회담을 수용했다'는 분석을 내놓았다. 당시 국내외 언론에는 김정일 건강이상설이 심심찮게 보도되던 때였다. 2000년 1차 남북정상회담 때 58세의 건강한 모습으로 당시 74세의 김대중 대통령을 상대한 김정일은 2차 정상회담에서는 65세로 자신보다 네 살 아래인 노무현 대통령과 회담했다. 2차 정상회담 당시 김정일의 건강에 대해 우리 정보당국은 다소 걱정되는 부분이 있지만 의료진의 철저한 관리를 받고 있다는 점에서 큰 문제가 없다는 판단을 내렸다. 1994년 7월 8일 새벽 심근경색으로 급사한 김일성처럼 유전적인 심장병·당뇨를 앓고 있지만 철저한 관리와 식이요법으로 일상에 지장을 줄 정도는 아니라는 것이다.

김정일 자신이 직접 건강이상과 관련한 이런저런 관측에 대해 입장을 밝힌 적도 있다. 그는 정상회담 오찬에서 노무현 대통령에게 "남측에서 마치 (내가) 당뇨병에 심장병까지 있는 것처럼 보도하는데 사실은 전혀 그렇지 않다"고 말했다. 정상회담이 개최된 2007년의 김정일 건강이상설은 독일 의사들이 극비리에 평양을 방문한 게 서방 정보당국에 포착되면서 불거졌다. 김정일이 이들을 왕진시켜 심장수술대체혈관수술, bypass operation in vascular surgery을 받았다는 내용이었다. 이에 대해 당시 김만복 국정원장은 국회에서 "보리스 옐친 전 러시아 대통령의 심장수술을 담당한 독일 의료진 7~8명이 북한을 방문했지만 단순한 스텐트 삽입술금속망으로 혈관을 넓혀주는 시술을 했거나, 심장검사를 한 정도로 보인다"고 말했다.

독일 베를린 심장센터 의사들은 2007년 5월 12일부터 19일까지 방북했다. 6월 11일 북한 언론은 이들이 북한 노동자들을 진료했다고 보도했다. 바이패스 수술을 받으면 1~2주 입원을 해야 하고 최소 한 달 이상의 요양이 필요하다. 하지만 김정일은 독일 의사들이 귀환한 이후 2주도 안 돼 공개활동에 나섰다. 팔놀림도 자유로웠다. 독일 의사들의 방북 직전인 4월 25일 북한군 창건 75주년 열병식 사진을 분석한 결과 김정일은 목주름이 심해졌고 탈모가 진행됐으며, 얼굴이 수척해졌다는 진단이 나왔다. 당뇨가 심해졌기 때문이란 분석도 제시됐다. 김만복 국정원장은 복장이나 사진촬영 각도에 따라 배가 들어가 보일 수 있고 머리숱도 조명에 따라 많이 빠진 것처럼 비치지만 건강이 나빠진 것 같지는 않다고 분석했다. 과거 사진을 분석하면 웃을 때 목주름이 많았다고 한다.

한때 양주를 비롯한 독주 위주로 폭음하는 것으로 알려진 김정일은 담배를 끊고 술도 절제했다. 2000년 김정일을 인터뷰한 친북 성향의 재미 언론인 문명자는 김정일로부터 담배를 끊었다는 말을 들었다고 했다. 김정일은 50대가 되어서는 포도주를 하루에 반 병 정도 마셨다고 한다. 2001년 여름 3주간 그의 러시아 열차여행에 동승한 콘스탄틴 폴리코프스키 러시아 연방 극동지구 전권대사의 증언이다. 건강이상이 생긴 뒤 외부인사로는 처음 김정일을 면담한 왕자루이 중국 공산당 대외연락부장은 2009년 1월 평양 체류기간 중 김정일과 식사를 함께 했다. 당시 정황을 파악하고 있는 외교 소식통들은 상당히 도수가 높은 북한산 술을 오랜 시간 마셨으나 김정일이 명확히 자신의 의사를 표시하는 등 특별히 건강에 이상이 없다는 느낌을 받은 것으로 전하고 있다.

젊은 시절 던힐 담배를 즐기던 김정일은 2001년 중국 방문 때 건강을 생각해 담배를 끊었다고 밝힌 바 있다. 그의 금연에 맞춰 북한 전역에 담배 안 피우기 열풍이 불고 이를 위한 선전·선동이 관영매체에 등장했다. 김정일이 직접 '담배는 심장을 겨눈 총과 같다'는 구호를 내세웠다며 북한 언론들은 흡연의 폐해를 강조했다. 평양에서 발행되는 신문 민주조선은 1999년 11월 20일자에서 김정일이 "담배를 삼가는 것이 좋을 것이다. 흡연은 명백히 건강에 해롭다"라고 말한 것으로 보도했다. 또 영국의 주간지 이코노미스트는 2007년 2월 3일자에서 김정일이 흡연자·음치·컴맹을 '21세기 3대 바보'로 꼽았다고 전해 관심을 끌기도 했다.

하지만 금연을 한 것으로 알려졌던 김정일이 다시 담배를 꺼내 문 사진이 공개되면서 화제가 됐다. 관영 조선중앙통신은 2009년 2월 25일 함경북도 회령시를 두루 시찰하는 김정일 사진을 무려 132장이나 무더기로 전송했다. 그 가운데는 김정일이 회령대성담배공장에서 연기를 내뿜으며 담배를 피우는 사진 2장과 한 개비를 오른손에 쥔 사진 1장이 포함됐다. 이런 사진이 공개된 시점이 뇌졸중 발병 8개월 후라는 점에서 그의 흡연을 둘러싸고 다각적인 관측이 나왔다. 공개된 흡연 사진은 김정일이 다시 흡연을 하고 있는 게 아니라 담배공장에서 생산된 담배 맛을 '시험'하는 모습일 뿐이란 주장이 그중 하나다. 김정일이 건강이상에 대한 외부세계의 이런저런 우려를 불식시키려 일부러 담배를 꺼내 무는 교묘한 선전술을 보인 것이란 분석도 있다. 다른 편에서는 실제 김정일이 이런저런 스트레스 상황에서 흡연을 시작했고 의료진뿐 아니라 측근들이 이를 막지 못하고 있는 것 아니냐는 관측도 제기했다.

김정일,
"내 자식에 맡기고 싶지 않다" 발언의 속뜻

　김정일의 건강이 어떤 상태인가와 관계없이 이미 고령에 접어든 나이는 김정은으로의 권력승계에 불안요소로 작용하고 있다. 김정일의 자연수명문제가 북한체제에 어떤 형태로든 변화를 불러올 것이란 분석에는 당국자와 전문가 상당수가 견해를 같이했다. 뇌졸중을 일시적으로 극복했다 해도 다시 한 번 닥칠 경우 절대 권력자도 한 방에 무너져 내릴 수밖에 없다는 판단에서다. 한때 건강을 자신했던 김정일도 1994년 7월 아버지 김일성의 사망으로 권력을 완전히 넘겨받은 지 십수 년 만에 후사를 서둘러 챙겨야 하는 상황에 직면한 것이다. 후계체제를 축으로 한 북한 권력 내 파워게임과 남북관계와 한반도 정세의 지각변동에 김정일의 건재 여부가 매우 중대한 요인이 될 것이란 전망이 제기되는 것도 이런 배경에서다.

　김정일 스스로 부자세습에 대해 다소 회의적 언급을 했다는 전언은 흥미를 끌었다. 정보당국은 김정일이 지난 2002년 8월 콘스탄틴 풀리코프스키 러시아 극동 연방지구 대통령 전권대리인의 초청으로 러시아를 방문하는 과정에서 평양의 권력 후계체제문제와 관련해 언급한 중요 첩보를 입수했다. 김정일이 "내 자식한테는 나처럼 어려운 일을 맡기고 싶지 않다"고 말한 내용이었다. 정세현 전 통일부 장관도 2004년 12월 접촉했던 베이징의 북한 고위 관료로부터 들은 내용이라며 "김정일이 '내 대代에서 그게(부자세습) 가능하겠나'라고 털어놓았다고 한다"고 전했다.

2000년 6월 남북정상회담 때도 김정일은 부자세습에 대해 다소 회의적인 뉘앙스로 읽히는 언급을 남측 관계자들에게 했다고 한다. 당시 수행원으로 참석했던 정부 고위 당국자는 "김정일이 태국 등의 군주제에 관심을 보이는 언급을 남측 참석자들에게 했다"고 말했다. 그러나 북한 전문가들은 이런 정보에 대해 김정일의 말과 그 속에 담긴 진의가 반드시 일치한다고 보기 어렵다는 입장을 개진한다. 자신이 북한체제를 이끌어 가는 게 매우 힘들다는 점을 외부에 토로하거나 부자승계에 대한 중국 등 관련국의 분위기를 떠보려는 말일 수 있다는 측면에서다. 정보당국은 김정일의 입에서 부자승계를 자기 대에서 끊을 듯한 언급이 있었다는 설이 흘러나오고 있지만 결국 부자세습이 종착역일 것으로 판단 내렸다고 한다.

"내가 못하면 대를 이어 계속 혁명"

북한 관영매체는 김정일의 건강이상 이전부터 부자세습에 대한 강한 메시지를 흘렸다. 2005년 1월 27일자 중앙방송의 정론은 대표적이다. 이 글은 "수령님김일성께서 생전에 과업을 다하지 못하면 대를 이어 아들이 하고, 아들이 못한다면 손자 대에 가서라도 기어이 수행하고 말 것이라고 힘주어 말씀하시었다"고 강조했다. 특히 "몇 해 전 경애하는 장군님김정일께서 일꾼통상 노동당 고위 간부를 지칭함들에게 '나는 아버지 수령님의 유훈을 받들 것'이라고 말씀하시었으며 이는 내가 가다 못 가면 대를 이어서라도 끝까지 가려는 계속혁명의 사상이었다"고 전했다. 북한이 과거에도 이른바 '계속혁명론'을 통해 권력승계문제를 시사한 적이 있지만 이 정론의 경우 3대 세습의 필요성을 분명하고도 공개적으로 언급한 것은 이례적이란 평가가 나왔다.

김정일이 건강이상으로 쓰러진 직후에도 김일성 가계에 의한 이른바 '혁명의 계승'을 주장하는 보도가 이어졌다. 2008년 9월 8일자 노동신문은 북한정권 수립 60주년을 맞아 "조선의 태양은 언제나 백두에서 왔고, 백두의 핏줄기는 김일성 민족의 영원한 생명선"이라고 강조했다. 이를 둘러싸고도 후계문제가 '백두의 혁명전통'에 따라 핏줄아들에서 나올 것임을 시사한 것이란 관측이 나왔다. 중앙방송의 정론은 북한 내부에서 이미 부자세습을 위한 권력승계의 구체적인 밑그림이 그려지고 있음을 보여준 것으로 평가됐다. '부자승계 회의론'으로 해석될 소지가 있는 김정일의 말과 달리 바람잡기식의 관영매체 보도가 잇달아 나온 것이다. 이를 두고 혁명 계승의 당위성만을 언급하던 차원에서 부자세습을 위한 후계자 지명으로 무게 중심이 옮겨 가는 것 아니냐는 관측도 나왔다.

김일성과 김정일은 각각 자신의 후계자를 키우는 준비 과정에선 큰 차이가 난다. 김일성은 아들에게 권력을 넘겨주기 위해 치밀한 채비를 했다. 1974년 김정일을 후계자로 공식 지명하고 20년간 수업을 받을 수 있는 시간을 줬다. 김일성의 납삭스러운 죽음에도 불구하고 권력누수가 거의 없었다고 볼 수 있다. 북한은 김일성의 업적 중 하나로 "혁명의 후계문제를 원만히 해결한 것"을 지금까지 거론할 정도다. 이에 반해 김정일은 후계문제에 분명한 언급이나 준비작업이 없었다. 오히려 2005년 12월 후계자 논의를 금지하라는 지시를 내렸다. 그는 2008년 생사를 넘나드는 혹독한 건강이상을 겪은 이후에야 셋째아들 김정은에게 눈을 돌렸다.

자신 빼닮은 아들 선택한
김정일

한때 "세습을 하면 국제사회의 웃음거리가 된다"며 3대 부자승계를 꺼리는 모습을 보이던 김정일이 후계결정을 서두르게 된 것은 건강문제가 크게 작용한 것으로 볼 수 있다. 후계자 조기 간택에 따른 권력누수 등의 걱정이 없을 수 없겠지만 어쩔 수 없는 선택이란 얘기다. 김정일이 정은을 후계자로 내정한 데는 매제이자 노동당 행정부장을 맡고 있던 장성택의 건의가 있었던 것으로 파악되고 있다. 장성택은 김정일의 건강이상 이후 부인인 김경희 노동당 부장과 함께 대리통치를 맡았다. 이때 유사시 최고지도자의 유고에 대비한 후계체제 구축 움직임을 주도했다는 것이다. 여기에 사실상 김정일의 부인 역할을 하면서 병상을 지켰던 김옥까지 의기투합해 김정은 후계낙점을 이끌어 냈다는 것이다.

장성택은 김정일의 장남 김정남과도 각별한 사이인 것으로 알려져 왔다. 정남이 해외 체류 중 문제가 있으면 장성택에게 수시로 전화해 '고모부'라 부르며 어려움을 토로한 정황이 한국의 대북정보망에 포착되기도 했다. 장성택은 주로 김정남의 중국 체류 비용이나 마카오의 카지노 자금 등을 불편함이 없도록 챙겨 주었다는 후문이다. 정은의 생모인 고영희는 생전에 자신의 친아들인 정철과 정은 중 한 명을 후계자로 내세우는 데 최대 걸림돌을 성혜림 소생인 김정남으로 봤다. 일각에서는 김정남을 가까이에서 보살피던 장성택을 김옥이 극도로 견제했다는 주장을 내놓지만 두 사람 사이가 원만한 편이라는 평가도 있다. 장성택이 정남이 아닌 정은을 추천해 후계자 내정을 받을 수 있도록 한 것은 성격이나 외모 등의 측면에서 김정일을 쏙 빼닮았기 때문에 승인 받기 쉽다는 점이 고려됐다는 것이다. 정보 관계자는 "수십 년 동안 처남인 김정일을 지켜봐 온 장성택의 입장에서는 김정일이 가장 선호할 카드가 무엇인지 잘 알고 있었고, 김정은을 최우선 순위로 올렸을 것"이라고 말했다. 이런 관측들은 3차 노동당 대표자회에서 공개된 김정은의 모습을 본 많은 사람들에 의해 설득력 있는 것으로 받아들여졌다. 김정은이 아버지 김정일은 물론 할아버지 김일성의 모습까지 쏙 빼닮았다는 걸 눈으로 확인할 수 있었기 때문이다. 김정일도 건강에 대한 자신감 상실과 함께 체제유지를 위한 후계자 내정작업에 불안감이 닥치자 결정을 서두른 것으로 보인다. 자칫 어물쩍거리다가는 정권 자체가 붕괴될 수 있다는 절박감에서 결국 부자세습이란 선택을 했다는 진단이다.

마침내 후계자로
낙점 받다

　김정일이 건강이상에서 다소 회복된 모습을 보이고 공석에 등장하는 횟수를 조금씩 늘려가던 2009년 1월 15일, 연합뉴스는 오후 4시 3분 "김정일이 3남 김정운_{당시는 김정운으로 표기}을 후계자에 지명했다"는 소식을 타전했다. 김정일이 1월 8일께 노동당 조직지도부에 고영희에게서 낳은 아들 정은을 후계자로 결정했다는 교시를 하달했다는 내용이었다. 1월 8일은 김정은의 생일로 알려진 날이었다. 연합뉴스는 소식통을 인용해 이제강 노동당 조직지도부 제1부부장이 조직지도부의 과장급 이상 간부들을 긴급 소집해 김정일의 결정사항을 전달했다고 전했다. 각 도당으로까지 후계 관련 지시를 하달하고 있으며 고위층을 중심으로 후계자 결정에 관한 소식이 빠르게 확산되고 있다는 것이었다. 또 "정운이 후계체제를 확실히 구축해 권력을 이어받으면 북한은 세계 현대사 초유의 실권자 3대 세습국이 된다"고 설명했다. 연합에 따르면 소식통은 "김 위원장의 후계자 낙점이 전격적으로 이뤄져 조직지도부 등 고위층에서도 상당히 놀라는 분위기"라며 "정운의 내정 사실을 아는 권력층에선 그에게 줄을 서는 상황이 급속히 형성되고 있어 이러한 분위기가 북한 사회 전반에 퍼져 나갈 것"이라고 말했다. 김정일의 후계자 결정에는 상당히 회복되기는 했으나 지난해 중반 뇌혈관 질환으로 쓰러진 김정일의 조바심이 결정적으로 작용한 것으로 보인다는 해석도 나왔다.

이 기사는 구체적인 내용 때문에 적지 않은 반향을 불러일으키는 듯했다. 하지만 실제 1월 8일께 김정일이 이런 교시를 노동당 조직지도부에 하달했고 이런 내용들이 확산됐는지에 대해서는 확인되지 않았다.

김정일 사망 이후 김정은의 후계 추대문제와 관련한 북한 관영매체의 설명은 기사 내용과 다른 점이 많았다. 북한은 이 시점보다 훨씬 이전에 김정은이 공식적인 후계자의 지위로 김정일을 따라 군부대와 공장, 기업소 등을 현지지도한 것으로 밝혔다. 현지에 현판 등을 남긴 사실도 드러났다. 북한이 밝힌 내용대로라면 '1·8 교시' 하달 훨씬 이전에 북한의 후계자는 김정은으로 결정됐고, 실제 후계수업을 받았다는 얘기일 수 있다는 점에서 연합의 기사는 의문을 남겼다.

김정은 국제전화 감청으로
'결정적 힌트' 얻은 국정원

사실 북한이 부자세습방식의 권력승계를 감행할 경우 김정은이 유일한 대안으로 자리하게 될 것이란 전망은 2007년부터 제기됐다. 김만복 국가정보원장은 2007년 3월 대북문제 담당기자들을 서울 내곡동 국정원 청사로 불러 가진 오찬 간담회 자리에서 "김정일의 셋째아들이 후계자가 될 가능성이 크다"고 언급했다. 익명을 요구한 정보당국의 관계자는 "당시 노무현 정부의 정보라인은 대북 감청을 통해 북한의 후계구도와 관련한 결정적인 힌트를 얻어냈다"고 귀띔했다. 하지만 당시 관련 정보는 노 대통령에게만 보고된 채 극비에 부쳐졌고 국정원의 최고위급 간부 사이에서도 유출되지 않도록 보안에 신경 쓰는 상황이었다는 전언이다.

2007년 봄에 나돌았던 김정일 건강이상설도 이 과정에서 불거졌다고 한다. 당시 유럽지역으로 해외여행 중이던 정은과 평양의 김정일 간 통화내용을 서방 정보기관이 감청해 제공했는데 정은이 "아버님, 건강을 각별히 챙기셔야 합니다"라고 말한 것을 두고 '김정일의 건강에 뭔가 이상이 있다는 징후 아니냐'는 관측이 나왔고 이어 '김정일 건강이상' 소문으로 퍼졌다는 것이다. 정보당국이 이미 김정은을 북한 권력구도와 관련한 핵심 인물로 추적하고 있었음을 보여주는 사례다.

하지만 김정은은 장남인 김정남보다 12살이나 어린 나이 때문에 후계자로서 자리하기 어렵다는 회의적 진단도 나왔다. 김정일이 41세 때 얻은 늦둥이라 원만한 배턴 터치를 하기에 문제가 있다는 지적이었다. 하지만 일각에서는 "김정철과 정은의 나이 차이가 2살인데 그런 논리라면 정철도 어렵다는 얘기가 될 수 있다"며 반론이 제기되기도 했다.

국정원,
'김정은 후계'를 알리다

2009년 6월 1일 오후 3시. 대북 담당인 최종흡 국가정보원 3차장은 서울 내곡동 청사 집무실에서 전화를 돌렸다. 최고 정보기관의 차장이 직접 릴레이 통화를 위해 시간을 내는 건 드문 일이었다. 국회 정보위원회 소속 의원들에게 긴급히 대북 관련 핵심 정보 사항을 전달하기 위해서였다. 그는 정보위원들에게 일일이 전화를 걸어 "김정운국정원은 당시 김정은이 아닌 김정운으로 호칭했다이 김정일 국방위원장의 후계자로 내정된 사실을 북한이 각국 주재 해외 공관장에게 외교전문을 통해 하달했다. 후계자 옹립에 본격적으로 박차를 가할 것으로 보인다"고 전했다. 하달 시점은 2차 북핵 실험이 벌어진 5월 25일 이후라는 내용이었다. 김정은의 후계지명 가능성은 여러 차례 추정 차원에서 제기됐지만 국가정보기관의 대북정보 최고 실무책임자가 국회 정보위원들에게 전달했다는 점에서 정부가 이를 공식 확인한 것으로 해석됐다. 무게가 실린 김정은 후계 관련 정보가 처음 나온 것이다. 국정원의 이런 움직임은 매우 이례적인 것으로 받아들여졌다. 민감한 정보사항에 대해 특별한 질문이나 문제제기가 없었는데도 먼저 정보당국이 나섰다는 점에서다. 국정원이 직접 고위간부의 전화를 통해 정보위원들에게 긴급전파한 배경이 뭐냐는 문제를 둘러싸고도 의문이 나왔다. 뭔가 정보기관이나 정부 쪽의 숨겨진 의도가 있는 게 아니냐는 의혹까지 야권 일각에서 제기됐다.

사실 김정은의 후계자 내정은 불과 2년여 전만 해도 국정원이 쉽게 예상하지 못했던 상황이었다. 2007년 2월 26일 김만복 당시 국정원장은 북한 후계체제와 관련해 "아직 아무런 징후가 없다"고 밝혔다. 서울 도렴동 외교통상부 청사에서 열린 '2007년도 재외공관장 회의'의 비공개 특강 자리에서였다. 특강에는 당시 이태식 주미대사와 김하중 주중대사 등 전 세계에 나가 있는 100여 명의 재외공관장이 참석했다. 김정일이 자신의 직위를 정남·정철·정운 등 세 아들은 물론 다른 사람에게 계승하려는 움직임이나 우상화 작업이 전혀 포착되지 않고 있다는 게 그 시점 국정원의 판단이었다.

후계 둘러싼 평양판 '왕자의 난'

고영희 vs. 성혜림
소생들의 대리전

2009년 4월 초 평양 중구역에 자리한 특각에 국가안전보위부 요원들이 들이닥쳤다. 보위군으로 불리는 보위부 소속 특수병력도 동원된 심야의 습격이었다. 김정일 일가만이 사용할 수 있는 초호화 별장인 특각에 들어선 정예요원들은 거침없이 집안 곳곳을 뒤졌다. 급작스러운 가택수색에 제대로 저항조차 못하던 관리요원들과 특각에 머물던 몇몇 인사들이 끌려가다시피 차에 태워졌다.

우암각으로 불리는 이 별장은 김정일의 장남 김정남이 평양 체류 때 주로 머무는 안가安家였다. 김정일의 특별지시를 받은 공작원들에게 납치됐다 풀려난 것으로 전해진 신상옥·최은희 부부가 한때 체류했던 곳으로도 알려진 장소다. 이들 부부가 평양 탈출에 성공해 한국으로 간 뒤에는 초대소로 쓰였다. 김정남이 여기를 자신의 거점으로 삼은 것은 1997년께로 알려진다. 주로 서방국가를 떠돌던 그는 평양에 돌아오면 이곳에 자주 머물렀다. 2002년 숨진 어머니 성혜림이 살던 본가보다는 우암각을 즐겨 찾았다는 것이다. 김정남은 아버지의 비밀연회를 흉내 낸 '파티 정치'를 벌였는데 실제로는 김정남 지지세력들의 모임이었다.

보위부원들이 급습했을 때 김정남은 우암각에 없었다. 일 년 중 상당 시간을 마카오와 홍콩 등지를 오가며 지내고 있기 때문이다. 보위부는 압수해 간 서류를 뒤졌고 김정남의 수족과 같은 관리인과 측근들을 상대로 강도 높은 조사를 벌였다. 김정남이 평양에 머물 때 은밀하게 접촉한 권력 내부 인사들과 우암각 파티에 초대된 멤버들을 파악하는 게 주된 목적이었다. 후계에서 밀려났지만 김정남은 최고 권력자인 김정일의 장남이었다. 그런 김정남과 추종세력의 근거지라 할 수 있는 우암각을 보위부가 짓밟는다는 건 북한에서 상상도 할 수 없는 일이었다.

놀랍게도 보위부 병력을 동원토록 직접 지시를 내린 사람은 김정남의 이복동생인 김정은이었다. 한때 김정남이 유력시됐던 후계자 자리를 차지한 김정은이 잠재적 위협세력인 김정남 일파를 거세하기 위한 선제공격을 펼친 것이란 관측이 북한 권력 내부에서 흘러나왔다. 김정은은 더 이상 이복형 김정남과 친형인 정철의 그늘에 가려 있던 어린아이가 아니었다. 우암각 사건은 이를 북한 권력 내부에 공공연하게 과시한 첫 시도였다. 아버지로부터 후계자로 낙점된 그에게는 평양의 절대 권력이 쏠리고 있었다.

칼 겨눈 동생에 격노한 김정남······
망명설은 부인

우암각에서 붙잡혀 간 뒤 보위부의 조사를 받고 나온 최측근으로부터 사건의 전말을 보고 받은 김정남은 격한 감정을 토로했다. 이복동생인 김정은에 대해 노골적인 반감을 보이기 시작한 것도 이때부터라고 한다. 어린 동생이 후계에서 밀려난 자신을 향해 칼끝을 겨눴다는 점에서다. 하지만 현실은 냉혹했다. 이미 권력의 칼자루를 놓친 김정남으로서는 뾰족한 수가 없었다. 그는 싱가포르로 몸을 피하는 등 한동안 자신의 동선을 드러내지 않고 유랑생활에 가까운 행보를 보였다.

북한 후계권력의 구축과정에서 빚어진 갈등이라 할 우암각 사건은 철저하게 비밀에 부쳐졌다. 한·미 정보당국이 촉각을 곤두세우고 사태추이를 주시하던 이 사태는 한 차례 해프닝으로 잊히는 듯했다. 우암각 사건이 다시 조명 받게 된 것은 중앙선데이가 2010년 6월 6일자에 김정남과의 인터뷰를 게재하면서다. 이 신문은 4일 오전 마카오 신도심 코타이의 알티라 호텔 10층 양식당인 오로라 엘리베이터 앞에서 김정남과 즉석 인터뷰를 했다. 이 자리에서는 일각에서 제기된 김정남의 망명 가능성에 대한 질문도 던져졌다. '유럽 쪽으로 가실 거란 얘기가 들리던데요'라는 기자 질문에 김정남은 "유럽 쪽으로 간다는 건 무슨 의미죠? 제가 왜 유럽 쪽으로 가죠?"라고 되묻는 모습을 보였다. 그리고는 "아이고…. 전혀. 유럽 쪽으로 갈 계획이 없습니다. 유럽 쪽으로 간다는 의미가 뭔지 몰라가지고…. 유럽 쪽으로 제가 왜 가요. 여행을 갈 수 있을지는 몰라도…"라며 망명 가능성을 일축해버렸다.

망명설의 뿌리에는 우암각 사건이 자리하고 있었다. 후계권력에서 밀려난 장남 김정남은 비운의 황태자가 아니라 견제와 거세의 대상이었다. 이복동생에게 이런 의중이 있음을 알아차린 정남으로서는 더 이상 버티기 쉽지 않다는 판단을 했을 수 있다. 자칫 잘못하다가는 목숨마저 잃을 수 있다는 점에서다. 서방 망명설이 나돈 것도 이런 배경에서다.

우암각 사태에 대한 사실관계 확인요청에 국가정보원은 "정보사항은 확인해줄 수 없다"는 원론적인 입장을 냈다. 하지만 한 고위 관계자는 "우암각 사건은 어느 정도 사실이라고 알고 있으면 된다. 우리도 대체로 그런 내용이 벌어졌다는 사실을 파악하고 있다"고 귀띔했다. 언론기관이나 기자들 사이에서는 정보기관의 책임 있는 당국자가 이런 정도의 언급을 하는 것은 사실상 관련 정보가 신빙성 있는 팩트임을 확인해주는 것으로 받아들일 수 있다.

하지만 당사자인 김정남은 2011년 4월 8일 일본 언론인 고미 요지에게 보낸 이메일을 통해 "우암각 습격사건이란 것을 남한 책에서 본 기억이 나지만, 그런 일은 없었다"고 부인했다. 한국의 정보기관이 확인한 사항에 대해 사실무근이라고 부인하고 나선 것이다. 관련 첩보가 잘못됐거나 김정남이 사실과 다른 진술을 하거나 둘 중 하나인 상황이 벌어졌다. 일각에서는 김정남이 이복동생과의 불화설이 확산되는 걸 경계하기 위해 의도적으로 부인했을 가능성이 있다고 본다. 우암각 사태와 관련한 첩보들이 구체적인 상황과 함께 여러 경로로 흘러나왔고, 정보당국이 이를 어느 정도 사실인 것으로 확인하는 절차도 거쳤다는 점에서다. 우암각은 김정일 패밀리의 후계자 후보그룹에 있던 이복형제가 차기 권력을 놓고 처음으로 본격적인 다툼을 벌인 현장으로 여겨졌다.

후계 지명을 위한 44년 만의 당 대표자회

　　김정일은 자신의 아들이자 후계자인 김정은의 데뷔무대로 노동당 대표자회를 선택했다. 1966년 10월 2차 당 대회 이후 44년 만에 3차 당 대회를 소집한 것이다. 2010년 9월 28일 열린 회의는 하루 만에 끝났다. 김정은을 후계자로 추대하는 것에 초점이 맞춰졌다는 얘기다. 1945년 10월 노동당 창건 이후 회의가 당일치기로 끝난 적은 없었다. 전당대회 성격인 당 대회 여섯 차례와 임시 당 대회 성격의 당 대표자회 두 차례는 최소 3일에서 길게는 12일까지 열렸다. 이례적으로 짧은 기간이었다.

　　3차 당 대표자회 개최를 서두르다 날짜를 맞추지 못하는 이례적인 사태도 벌어졌다. 북한 관영 조선중앙통신은 2010년 6월 23일자 결정서를 인용해 "노동당 중앙위원회 정치국이 당 최고지도기관 선거를 위한 대표자회를 9월 상순에 소집할 것을 결정했다"고 전했다. 기능이 정지됐던 노동당이 재가동을 예고하자 대표자회 개최 이유나 의제에 정부 당국과 전문가들의 관심이 쏠렸다. 1993년 12월 노동당 중앙위원회 6기 21차 전원회의를 끝으로 이듬해 7월 김일성 사망 이후에는 제대로 된 노동당 행사가 한 차례도 없었기 때문이다. 특히 당 대표자회에서 김정일 후계체제문제를 비롯해 노동당 내 권력구도에 영향을 미칠 수 있는 결정이 나올지에 초점이 맞춰졌다. 1966년 10월 2차 당 대표자회 때는 당 중앙위원장제가 폐지되고 총비서제를 도입했다. 또 1958년 3월 첫 대표자회 직후에는 종파 투쟁이 벌어져 김일성 반대파에 대한 숙청이 가해지는 등 대표자회는 북한 권력 내부에 큰 파장을 불러왔다. 회의 개최 때마다 굵직한 결정이 이뤄졌다는 얘기다.

정부 당국과 전문가들은 북한이 '노동당 최고지도기관 선거'로 의제를 한정한 만큼 당 중앙위원회 등의 인사가 있을 것으로 예상했다. 특히 당 중앙위 산하 정치국과 비서국 물갈이가 점쳐졌다. 김일성 사후 노동당 원로세력 상당수가 사라졌지만 이에 대한 충원이나 조직 개편은 이뤄지지 못했기 때문이다. 무엇보다 김정일 후계자로 내정된 셋째아들 김정은을 옹립하는 결정이 이뤄질지도 관심거리였다. 김정일은 노동당 내 직위 부여 등 10여 년의 황태자 수업을 거친 후 1980년 10월 6차 당 대회에서 후계자로 공식 부상했다. 이런 점에서 당 대표자회에서 어떤 식으로든 공직부여 절차를 밟은 뒤 북한이 '강성대국 진입의 해'로 공언한 2012년 7차 당 대회를 열어 후계를 공식화할 것이란 관측이 대두했다.

북한의 당 대표자회 발표 이후 준비작업은 착착 진행됐다. 관영 조선중앙방송은 8월 27일 보도에서 김정일이 노동당 대표자회 인민군당 대표로 추대됐다고 전했다. 인민군당 대표회가 8월 25일 진행돼 "김정일 동지를 당 대표자회 대표로 추대할 데 대한 결정서가 만장일치로 채택됐다"는 발표였다. 이런 움직임은 지방 당 대표회에서도 이어지는 등 당 대표자회 분위기 띄우기가 본격화했다.

하루아침에 청년대장에서
북한군 대장

　김정은은 후계지위 확보를 위한 첫 공식직위로 북한군 대장 자리를 지정 받았다. 아버지이자 북한군 최고사령관이 직접 명령을 내려 그에게 대장 칭호를 줬다. 2010년 9월 27일자로 발표된 '최고사령관 명령 제0051호'가 그것이다. 군 경력이 전무한 그에게 갑자기 대장 칭호가 내려졌다. 후계자로 내정된 뒤 북한은 내부적으로 김정은을 '청년대장'으로 부르게 했다. 청년대장은 그렇게 하루아침에 '조선인민군 대장'에 올랐다.

　후계지위 구축을 위한 발걸음은 예상 외로 빨랐다. 김정은은 대장 임명 이튿날 열린 노동당 대표자회에서 당 중앙군사위 부위원장에 임명됐다. 아버지 김정일이 위원장으로 있는 기구다. 김정일이 이처럼 3대 세습을 속도전으로 강행한 것은 그만큼 절박한 상황 때문이다. 1994년 7월 김일성 사망으로 권력을 넘겨받은 김정일은 핵 개발과 미사일 시험발사 등으로 국제사회의 제재와 외교적 고립을 자초했다. 경제의 주체화를 내걸었지만 2009년 11월 말 화폐개혁의 실패에서 보듯 경제난은 더욱 심화됐다. 2010년 3월의 천안함 폭침 도발과 그해 11월 연평도 포격사태로 국제사회의 대북제재 수위는 한 단계 더 올라갔다.

　이런 상황에서 건강까지 악화된 그에게 믿을 건 가족과 친인척뿐이었다. 2001년 일본에 밀입국하다 붙잡힌 장남 김정남은 후계자로서의 자격을 잃었다. 호르몬 질환을 앓는 차남 김정철도 후보군에서 낙마하자 김정일은 결국 어린 막내 김정은을 선택했다. 부자 세습이 아니면 체제유지가 어렵고 사후격하운동이 일어날 수 있다고 판단했을 수 있다. 1974년 2월 후계자 내정 후 20년 만에 권력을 잡은 김정일과 달리 김정은의 후계수업은 당시로선 2년 정도에 불과했다. 승계과정을 압축한다 해도 불안한 구석이 많았다. 매제인 장성택을 2010년 6월 최고인민회의에서 국방위 부위원장으로 승진시키고 석 달 만에 여동생을 북한군 대장으로 만들어 김정은의 후견인으로 삼은 것은 이런 점을 고려한 것이다.

김정은이 후계의 첫 직책으로 당 중앙군사위를 선택한 것은 군 장악에 주력토록 하려는 김정일의 의지가 반영된 것으로 보인다. 김정일은 권력을 거머쥔 초기부터 군을 모든 것에 앞세우는 이른바 선군정치를 펼쳤다. 이를 통해 취약한 권력기반을 다지면서 통치를 유지해 왔다. 물론 후계자 김정은에게는 노동당에서의 사업 경험도 중요했다. 후계구축 과정을 압축시켜 진행해야 하는 상황이었기 때문이었다. 그래서 노동당과 군부라는 두 마리 토끼를 쫓을 수 있는 곳으로 노동당 중앙군사위를 택한 것으로 볼 수 있다.

김정은이 부위원장을 맡음으로써 중앙군사위에는 힘이 실렸다. 군을 지휘하고 군사정책을 총괄하는 임무를 띤 군사위는 한동안 국방위원회의 위상에 다소 눌린 듯한 형세였다. 하지만 차기 권력을 예약한 김정은이 책임자에 임명됨으로써 주목 받는 부서로 급부상했나.

김정은의 첫 호칭은
'영명한 동지'

2009년 6월 8일 서울 용산에 위치한 국방부에서는 한국과 미국의 대북정보 핵심 관계자들이 참여하는 특별정보교류협의회가 비밀리에 열렸다. 국내 주재 미 정보요원들 외에 본토에서 중앙정보국CIA과 국방정보국DIA, Defense Intelligence Agency의 북한 담당 분석관들이 참석해 북한체제 내부문제에 대한 각별한 관심을 반영했다. 한국 측은 국가정보원과 국방부 정보본부 대북 관련 베테랑 요원들이 참석했다. 이 자리에서 양측은 김정일이 자신의 후계자로 지명된 김정은에게 '영명한 동지'라는 호칭을 부여한 사실을 확인했다. 정보 관계자는 "영명한 동지란 호칭은 김정은을 현명한 지도자로 우상화하겠다는 뜻"이라는 해석을 내놓았다. 김정일은 후계자 시절 '당노동당을 지칭 중앙'이라고 불렸다. 이날 한·미 협의회에서는 김정은 못지않게 김정일의 매제인 장성택 노동당 행정부장이 주목 받았다. 김정일이 매제인 그를 국방위원에 임명한 것은 어린 후계자에 대한 군부 지지를 확보하기 위한 의도라는 정보 분석이 제기됐다. 당시 회의에서는 장성택이 군부의 견제를 받고 있다는 민감한 정보도 다뤄졌다고 한다. 김정일이 오랜 친구인 오극렬 대장을 국방위 부위원장에 임명한 것도 유사시 군부를 의식한 것이란 분석도 나왔다.

김정은을 칭하는 '영명한 동지'의 등장과 국정원의 후계통보 등의 분위기는 얼마 뒤 북한 내부에서도 생생하게 감지됐다. 8월 27일 평양 시내의 한 호텔 식당을 찾았던 국내 대북지원 민간단체 관계자들은 김정은을 후계자로 찬양한 합창곡 〈발걸음〉을 직접 만날 수 있었다. 인명진 목사를 비롯한 우리민족서로돕기운동 관계자들이 식당 여성 봉사원들에게 〈발걸음〉 노래를 아느냐고 묻자 그들은 "안다"고 답했다. 남측 인사들의 요청이 있자 봉사원들은 주저 없이 "발걸음 발걸음 힘차게 한 번 구르면/온 나라 강산이 반기며 척척척…"하고 노래를 불렀다. 하지만 남측 관계자가 김정은과 관련한 "후계 노래냐"고 질문을 던지자 "글쎄요"라고만 답했다고 한다. 또 후계문제와 관련해서는 "장군김정일께서는 현재 군건하시다. 군건하게 계신다. 이것이 우리의 공식입장이다"라고 강조했다. 김정일이 절대적 지위를 갖고 통치활동을 하고 있는 상황에서 후계문제를 거론하는 걸 부담스러워하는 북한 주민들의 심리를 읽을 수 있는 대목이다.

병역 면제자가 '청년대장'으로 둔갑

후계자 김정은과 관련한 진전된 정보의 공개는 한나라당 윤상현 의원에 의해 이뤄졌다. 국회 외교통상통일위 소속 위원인 윤 의원은 2009년 10월 초 통일부로부터 제공받은 자료 등을 토대로 "김정일 국방위원장의 후계자에 내정된 셋째아들 김정은이 노동당 조직 관련 부서에 '부국장급'으로 근무하는 것으로 확인됐다"고 밝혔다. 정부 관계당국은 김정은의 후계 공식 데뷔가 이르면 2010

년부터 북한이 강성대국 진입시기로 공언한 2012년 사이에 이뤄질 것으로 분석하고 있다는 전언이었다.

윤 의원이 입수한 자료에 따르면 김정은은 1984년 출생해 김일성군사종합대학을 졸업했다. 당국은 '정식으로 통학하며 수업을 받은 것이 아니라 교수나 군부 인사를 불러 개별교습을 받은 후 졸업한 것'으로 보고 있다는 내용이었다. 김일성군사종합대학은 고급장교 양성을 위한 북한 최고의 종합군사학교다. 김정은은 아버지인 김정일과 마찬가지로 실제로 정규군에서 복무한 경력은 파악되지 않고 있다. 아버지 김정일이 병역 완전 면제자면서도 최고사령관과 국방위원장의 역할을 장기간 해온 데 대해 주민들 사이에서 곱지 않은 시선이 쏟아지고 있는 상황을 김정은도 대물림하고 있다는 비판이 제기되는 것도 이런 이유에서다. 김일성군사종합대학 과정을 거치게 한 것도 이런 문제를 희석하기 위한 후계자 준비과정의 일환인 것으로 전문가들은 보고 있다.

관계당국은 북한이 2009년 4월부터 김정은을 '친애하는 김 대장 동지'로 부르기 시작했으며 김정은 찬양 노래인 〈발걸음〉을 보급하라는 지시를 내린 것으로 파악했다. 또 '영명한 김정은 대장 동지'란 호칭과 함께 김정일이 1974년 후계자로 내정된 이후 사용했던 '친애하는'이란 수식어도 일부 쓰이기 시작한 것으로 드러났다. 이런 내용은 중앙일보 10월 6일자를 통해 상세히 보도됐다. AP통신과 AFP통신은 이 보도를 인용해 "북한 지도자 김정일의 셋째아들 김정은이 권력 승계를 위해 노동당의 부국장급 자리a deputy director-level position를 얻었다"고 보도하는 등 큰 관심을 보였다.

김정은이 노동당 조직 관련 부서 간부로 재직 중이란 내용은 평양 권력 핵심부에서 후계수업이 상당히 진척됐음을 보여주는 것으로 받아들여졌다. 북한체제에서 조직사업은 인사 등을 좌지우지하는 핵심 중의 핵심으로 간주되기 때문이다. 김정일이 노동당 중앙위원회의 조직 담당 비서를 겸하고 있다는 말이 나올 정도다. 그런 핵심부서 요직에 아들 김정은을 앉혀 제왕학帝王學을 가르치고 있다는 얘기였다. 김정일은 1974년 2월 후계자로 확정되기 직전 노동당 조직지도부장에 올랐다. 김정일이 25세 때인 1967년 당 선전선동부 과장이었던 것과 비교할 때 김정은의 부국장급 자리는 높은 직급이다.

그동안 김정은의 행적과 관련해서는 '국방위원회 지도원' 근무설 등 미확인 정보와 추측성 보도가 많았다. 윤 의원의 자료가 공개되자 정부 관계당국이 김정은의 현재 직위나 신상과 관련한 구체적 내용을 처음 확인한 것이란 의미 부여가 뒤따랐다. 후계자로 내정하는 단계를 지나 이를 공식화하는 작업이 이뤄지고 있다는 방증이기도 하다는 것이었다.

"장군님을 가장 빼닮은 분"

이 같이 후계와 관련한 구체적인 정황은 다른 경로를 통해서도 확인됐다. 윤상현 의원이 자료를 공개하기 두 달 전인 8월 김일성 생가인 평양 만경대를 방문한 남측 민간단체 관계자는 북한 해설원이 김정은에 대해 "장군님김정일의 풍모를 가장 빼어 닮은 분"이라고 설명한 일이 있다고 전했다. 또 통일부는 북한 당국이 강사와 제3방송유선방송을 활용해 '김정은이란 분이 장군님의 후계자가 될 것'이란 교양사업을 최말단인 인민반 단위까지 마쳤다는 증언을 탈북자 증언 등을 통해 확보했다.

일각에서는 노동당 전문부서에 부국장이란 직책이 없다는 점을 들어 의문을 제기하기도 했다. 하지만 관련 정보의 신빙성을 자신하는 당국은 부국장급 직책이 신설됐을 가능성 등에 주목하고 있다. 김정은이 군부 내 당 조직사업을 책임지고 있을 것이란 관측도 나왔다. 그해 4월 개정된 헌법에 새로 등장한 선군사상을 계승해야 할 후계자인 김정은이 군내 노동당 관련 업무를 책임진 총정치국에서 조직 담당 부국장으로 일할 공산이 크다는 분석이었다. 관계당국이 '당 조직지도부' 등으로 못 박지 않고 조직 관련 부서라고 에둘러 표현한 것도 이런 이유에서일 것이란 해석이었다.

윤상현 의원의 정보공개를 둘러싸고 통일부는 한바탕 내홍內訌을 치러야 했다. 당초 윤 의원 측으로부터 국감자료 제공을 요청받은 통일부는 해당 정보가 '비밀'에 해당한다며 난색을 표했다. 하지만 소속 상임위 의원 측이 강하게 요청하자 직접 정세분석국 소속 간부가 방문해 열람만 시키고 구두 설명하는 방식을 취했다. 정보가 특정 언론을 통해 공개되자 현인택 통일부 장관은 관련 부서와 간부를 호되게 나무랐다. 해당 직원들은 "비공개 정보를 일방적으로 공개하는 게 어디 있느냐"고 볼멘소리를 했지만 윤 의원 측은 통상적인 의정활동 차원에서 제출 받은 북한 관련 정보를 국민의 알 권리 차원에서 제공한 것뿐이란 입장을 취했다.

탈북 여교사의 깜짝 증언

"20대 청년대장 김 대장이 후계자가 될 것이라면서도 아직 학생들에게는 알리지 말라고 했습니다."

2010년 7월 8일 경기도 안성의 탈북자 남한정착지원시설인 하나원 컴퓨터실에서는 한바탕 부산한 움직임이 벌어졌다. 하나원 개원 11주년을 맞아 취재차 현장을 찾았던 통일부 출입기자들과 교육생과의 대화시간에 한 여성 탈북자가 후계자 김정은에 대한 이야기를 불쑥 꺼냈기 때문이다. 황해도가 고향인 화학교사 출신의 25살 장모 씨였다. 그녀는 김정은 후계구축에 대한 북한 내 분위기를 전해 달라는 한 기자의 질문에 생생한 증언을 거침없이 쏟아냈다.

"김정은과 관련해서는 지난해 5월에 노동당에서 조직적으로 포치일의 목적, 의의를 알려주는 일종의 지침를 내렸습니다. 봄철 모내기 과정에서 150일 전투를 치렀는데 '청년대장 김 대장'이 전투를 지도하신다는 얘기가 돌았습니다. 물론 김정은이란 이름을 밝히지 않았죠."

2009년 9월 날북한 장씨는 그해 초부터 북한에서 벌어진 김정은 후계자 추대 분위기를 비교적 소상하게 알고 있었다. 기사 송고를 위해 노트북 자판을 두드리는 기자들의 손길이 바빠졌다. 북한의 경제적 어려움과 인권침해 등 탈북자들의 의례적인 증언이 있을 것으로 예상했던 기자들은 뜻밖의 '영양가 있는' 취재원의 언급에 흥분한 기색이 역력했다. 그녀의 증언은 계속됐다.

"김정은이란 이름을 처음 공개적으로 들은 게 지난해 2월 말인가 3월 초인가……. 교원들만 대상으로 한 부교장 선생의 학습 시간 때였어요. 교원들에게 김정은 위대성 자료까지도 나왔습니다. A4용지 50페이지 정도로 만든 건데 김 대장의 업적을 칭송해야 한다는 내용이었죠."

장씨는 "척척척 하는 찬양 노래가 김정은 이름을 밝히면서 나온 게 5월인 걸로 기억한다"고 말했다. 이때부터 학생들에게도 김정은의 후계 내정 사실을 알렸다는 것이다.

장씨는 김정은 후계 내정 사실을 통보 받은 교사들의 반응도 전했다. 그는 "3대째 내려오니 또 이리 되누만. 김정은 된다고 잘살 것이란 기대는 없다"는 반응과 함께 2012년 되면 강성대국이 된다고 교양은 많이 하는데 교사들까지도 '그저 그렇다'거나 '2012년 돼봐야 알지'라는 분위기가 팽배해 있다고 했다. 장씨는 "믿는 사람은 30%가 될까 하는 정도"라고 말했다. 또 "사람들이 노골적으로 드러내지는 않았지만 속내심으로는 자체로 내가 돈 벌어 내가 쓰는 게 낫지, 나라에는 기대하지도 않을 것이란 분위기였다"고 말했다. 김정은 후계체제에 대한 지식인 계층의 불만이 적지 않다는 점과 이를 비교적 있는 그대로 표출하고 있음을 보여준 언급이었다.

2009년 4월 15일 김일성 생일에 치른 대동강 축포불꽃놀이를 김정은이 창작하고 지도한 것으로 선전했다는 설명도 덧붙였다. 장씨는

"아버지 장군님이 현지지도 시 김정은이 안전상태 등을 미리 점검한다는 내용도 위대성 자료에 포함돼 있다"고 전했다. 비가 쏟아지다가도 김정은이 나가니 비가 멎고 무지개가 비쳤다고 얘기하는 등 살짝 전설화된 내용도 포함돼 있다는 얘기다. 이튿날 조간신문에는 장씨의 증언이 눈에 띄는 크기로 일제히 실렸다.

"김정남 암살계획 중국이 제동"

김정일 로열패밀리의 황태자들 간에 죽기살기식의 암투가 벌어지고 있다는 첩보를 토대로 한 보도는 몇 차례 더 나왔다. KBS TV는 2009년 6월 15일 밤 〈9시 뉴스〉에서 "김정일 국방위원장의 후계자로 급부상 중인 3남 김정은의 측근들이 최근 김정일의 장남인 김정남을 암살하려 했으나 실패한 것으로 전해졌다"고 보도했다. KBS는 중국 측 소식통을 인용해 김정남 암살계획이 은밀히 진행됐으나 사전에 이를 알아챈 중국의 반대로 제동이 걸렸다며, 중국 측이 김정남을 은신처로 피신시켜 보호 중이라고 전했다. 암살기도는 김정일도 모르게 진행된 것 같다는 분석이었다. 이 보도는 후계구도를 둘러싸고 후계자로 내정된 셋째아들 김정은과 후계에서 밀려난 장남 김정남 사이의 알력 가능성을 보여줬다. 중국에 오래 머물러 중국의 지도부들과 친분이 있고 친중 성향을 보이고 있는 것으로 전해지는 김정남을 중국 정부가 암살위협으로부터 보호하고 있다는 스토리는 북한 관측통들의 관심을 끌기에 충분했다.

자기 땅에서 북한정권의 왕자들이 암살기도까지 포함된 권력투쟁을 벌인다는 한국 언론의 보도에 발끈한 건 중국 당국이었다. 중국 외교부는 공식 브리핑을 통해 이런 언론보도에 불쾌감을 드러냈다. 친강 외교부 대변인은 "(지난 브리핑에서) 함축적인 표현으로 부인했는데 알아듣지 못했다면 오늘은 송곳으로 창호지를 찌르는 것처럼 확실하게 설명해 드리겠다"고 말했다. 외교가에서는 좀처럼 등장하지 않는 매우 거칠고 강한 표현이었다. 친강 대변인은 "관련 보도를 주의 깊게 봤다"면서 "마치 007 소설 같은 얘기였다. 그런 사실은 결코 없다"고 강력하게 부인했다. 외교부처에서 공보 담당 관리가 공식브리핑을 통해 언론보도에 대해 '소설 같다'고 말하는 것은 매우 이례적인 일이었다.

중국 외교부가 이처럼 강도 높은 반박에 나선 건 15일 밤 KBS 보도에 이어 이튿날 일본 아사히 신문이 김정은의 극비 방중설을 보도했기 때문이다. 김정은이 6월 10일쯤 김정일의 특사자격으로 중국을 극비리에 방문해 후진타오 국가주석과 왕자루이 중국공산당 대외연락부장 등 간부들을 잇달아 만났다는 내용이었다. 방중설을 부인하는 브리핑에도 불구하고 아사히의 첫 보도 이틀 뒤인 18일자에 "김정은·후진타오 회담에 김정일의 장남 김정남까지 동석했다"고 보도하자 발끈한 것이다.

이 같은 아사히의 보도는 마카오 등지에 머물던 김정남이 12일 저녁 늦게 베이징으로 들어온 것으로 확인되면서 결국 오보로 판명났다. 김정남이 왕자루이를 만나려면 13일이나 되어서야 가능했다.

하지만 왕자루이는 이날 이집트 등 4개국을 친선 방문하는 허궈창 중국 중앙기율검사위원회 서기 겸 중앙정치국 상무위원을 수행해 출국했다. 호스니 무바라크 이집트 대통령을 예방 중이던 그가 김정남을 만났다는 건 앞뒤가 전혀 맞지 않는다는 지적이 나왔다.

형제 권력다툼에 옐로카드 꺼낸 오스트리아 당국

후계구도 구축과정에서 김정남에 대한 위해시도가 있었다는 보도는 2004년에도 나왔다. 연합뉴스는 12월 19일자 보도에서 "김정일 국방위원장의 장남 김정남이 11월 중순 유럽지역 방문 중 암살 위기에 처했으나 오스트리아 정보기관의 밀착경호로 암살을 모면했던 것으로 알려졌다"고 전했다. 암살기도가 북한 내 반反 김정남 세력에 의해 시도된 것이란 정보였다. 오스트리아 내무부 반 테러국이 김정남에 대한 암살정보를 포착한 후 현지에 주재하는 김광섭 북한 대사를 불러 관련 정보를 알린 뒤 암살기도가 중단돼야 한다는 오스트리아 입장을 강력히 전달했다는 것이다. 김광섭은 김정일의 이복동생인 김경진의 남편이다. 김정일이 후계자로 등극하고 권력을 잡으면서 계모인 김성애와 이복동생들을 모두 '곁가지'로 몰아 해외로 사실상 추방한 데 따라, 김광섭과 김경진은 오스트리아에 장기체류해야 하는 신세가 됐다. 오스트리아는 자국 내에서 북한 황태자들의 피비린내 나는 권력싸움이 벌어지는 것을 원하지 않았다. 김광섭 대사에게 이를 통보하고 강력 경고한 것도 이런 맥락에서다. 외교가에서는 이 사건이 김정일과 고영희 사이에 태어난 정철·정은 형제의 추종세력이 김정남의 권력승계를 우려해 계획한 것이란 해석이 나왔다.

그러나 이 같은 보도는 며칠 후 북한 측에 부인됐다. 일본 세카이닛포는 12월 23일자 보도에서 빈 주재 북한 외교소식통의 말을 인용해 "김정일 국방위원장의 장남 정남이 오스트리아 빈에서 암살 위기에 처했다는 한국의 언론보도는 사실이 아니다"고 전했다. 이 소식통은 "보통 고위관리나 주요 인물이 평양에서 올 경우 대사관에 사전연락이 오는데 당시 우리는 전혀 몰랐다"고 강조했다. 아예 김정남의 현지 방문 사실 자체를 부인하는 말도 나왔다. 빈에 나타난 김정남이란 인물이 가짜였을 가능성이 크다는 얘기였다. 암살기도 소식도 가짜 인물이 통신사에 흘린 정보로 보인다는 게 북한 측의 입장이었다.

하지만 이 사건은 6년의 시간이 흐른 뒤 다시 세간의 관심을 받게 됐다. 중앙선데이는 2010년 6월 6일자에 우암각 사건을 비교적 소상히 다루면서 오스트리아 암살기도사건을 거론했다. 이 신문은 "(우암각 사건이 벌어지기) 5년 전인 2004년 10월에도 정남 씨는 동생 김정은에게 비슷한 두려움을 느꼈다고 한다. 당시 오스트리아의 이종사촌 누이 김옥순을 방문하고 있던 정남 씨에게 오스트리아 당국은 '당신을 암살하려는 북한인의 계획을 파악했다'고 통보해준 것이다. 그런 경험 때문에 우암각 사건이 발생했을 때 정남 씨가 느꼈을 공포는 컸을 것이라고 소식통은 전했다"고 보도했다. 그

때부터 김정남의 머릿속에 해외 망명이라는 단어가 떠오르기 시작한 것으로 보인다는 해석이었다.

　김정남의 해외 망명설은 그가 2001년 5월 일본 공항에서 위조여권 사용혐의로 체포됐을 당시에도 불거졌다. 당시 김정남의 이모 성혜랑이 일본 주간문춘과의 인터뷰에서 밝힌 내용은 김정남과 그의 아버지 김정일의 관계를 엿볼 수 있다. 성혜랑은 "후계싸움에 따른 망명설은 100% 이해할 수 없다"며 가능성을 부인했다. 김정남에게 있어 김정일은 곧 세계이며 전부인 존재였기 때문이란 설명이다. 성혜랑은 "망명설은 말이 되지 않는다는 걸 자신 있게 말할 수 있다"고 강조했다. 또 "(김정남의 배다른 동생) 김정철도 이제 여자, 술, 담배에 빠질 20세 정도가 됐을 것 같다. 그의 모친 고영희도 이제 50세를 넘었다"고 말했다. 김정일이 김정철만 귀여워하고 김정남을 냉대하는 것 아니냐는 관측에 대해서도 부인했다. 김정일이 김정남의 능력을 인정하고 있다는 것이다. 김정남은 영어, 프랑스어, 러시아어, 일본어가 가능한 인물로 컴퓨터는 전문가 이상으로 다룰 줄 아는 천재적인 인물이란 얘기였다.

"후계는 오직
아버님만이 결정"

설 명절을 맞아 중국 대륙이 긴 휴식에 들어간 2009년 1월 24일. 평양발 고려항공편으로 베이징 국제공항에 나타난 김정남은 일본을 비롯한 외국 언론의 스포트라이트를 한몸에 받았다. 가죽점퍼 차림에 선글라스를 쓴 차림새로 입국과정부터 곧바로 노출돼 기자들에게 둘러싸였다. 그는 극히 이례적으로 북한 후계문제에 대해 입을 열어 비상한 관심을 모았다. 아버지 김정일이 뇌졸중으로 쓰러진 지 5개월이 지난 당시는 동생 김정은이 후계자로 급부상하던 시점이다.

후계문제와 관련한 질문에 김정남의 답변은 간명했다. 그는 "그건 단언할 수 없습니다. 그런 문제는 아버님(김정일)께서만이 결정하실 수 있습니다"라고 말했다. 평양 말투를 섞어 쓰던 그는 이날 서울 표준어로 또박또박 대답했다. 어디론가 휴대전화로 통화를 한 김정남은 곧바로 택시를 타고 베이징 시내 5성급 쿤룬호텔로 이동했다. 이곳에서도 그를 기다리는 기자들이 진을 치고 있었다. 김정남은 "(후계자문제에) 나는 관심이 없다"고 선을 그었다. 특히 이복동생 김정은이 후계자로 지명됐다는 설과 관련해 "어떤 정보도 갖고 있지 않다"고 말했다. 그는 "동생에게 물어 보라"고 답을 피했다. 마치 자기는 상관 않겠다는 투로 해석됐다. 하룻밤 방값이 한국 돈 50만 원 정도인 이그제큐티브 딜럭스 룸에 묵은 김정남은 로비에 지키고 섰던 기자들을 따돌리고 이튿날 행적을 감췄다.

하지만 후계문제와 관련한 김정남의 몇 마디 언급은 여러 관측을 낳았다. 어쩌면 그가 북한 후계와 관련해 서방 기자들 앞에서 입을 열 수 있다는 것 자체가 흥미로운 대목이었다. 특히 후계문제를 단언할 수 없고 아버지 김정일만이 결정할 문제라는 말을 한 배경에 관심이 쏠렸다. 동생 정은이 후계자로 거론되지만 '아직 결정되지 않은 상태가 아니지 않느냐'라는 뉘앙스가 담긴 것이란 해석도 나왔다. 또 외국 언론의 보도 등을 통해 이런저런 이야기가 나오고 있지만 무엇보다 김정일의 최종 결정이 중요하다는 뜻을 강조하려 한 것으로 풀이됐다. 대세가 김정은 쪽으로 기울고 있는 상황이었지만 후계구도에 대한 미련을 버리지 않고 있던 게 아닌가 하는 관측이 나온 것도 김정남의 이런 태도 때문이었다. 김정남은 김정일의 건강문제와 관련한 기자들의 질문에 "그런 정보가 있다 해도 내가 얘기할 수 있는 입장이 아니다"고 말했다. 김정일의 건강상태에 대해 공개적으로 언급한 건 그가 처음이었다. 김정남이 '김정은 후계설'에 대해 "동생에게 물어 보라"는 입장을 밝힌 건 후계구도에서 밀려난 상황에 대한 불만을 토로한 것으로 관측됐다. 동생에 대해 불편한 감정을 느끼고 있음을 은연중에 드러낸 것이란 얘기다.

당시 김정남을 취재했던 일본 기자는 "미리 답변을 준비한 것 같았다"고 말했다. 현장 기자들이 이런 느낌을 받은 건 김정남이 외국 언론에 의도적으로 자신을 노출시켜 후계문제와 관련한 자신의 생각을 전달하려 한 정황이 감지된 때문이다. 이날 베이징에 도착한 평양발 북한 고려항공기에는 김정남 외에 또 한 사람의 주요

인사가 타고 있었다. 왕자루이 중국 공산당 대외연락부장이다. 그는 뇌졸중 발병 이후 외국 인사로는 처음으로 김정일 국방위원장을 만나고 돌아오는 길이었다. 왕자루이의 방북결과를 취재하기 위해 베이징 공항에는 외신기자들이 카메라 초점을 맞추고 고려항공기 트랩과 입국장을 지키고 있었다. 언론의 관심이 집중된 왕자루이와 같은 비행기에 타고 나올 경우 노출이 불가피하다는 걸 김정남이 모를 리 없었다.

이 때문에 그의 언론접촉이 후계구도에서 밀려난 자신의 존재감을 회복하려는 의도된 행동이란 평가가 나왔다. 또 후계구도와 관련한 결정권이 여전히 아버지에게 있으며 아직 확정된 것은 없다는 메시지를 외국 언론을 통해 북한 안팎에 전한 것이란 분석도 제기됐다. 오랜 외국생활 때문에 권력구도 등 북한을 둘러싼 국제사회의 분위기를 알고 있는 김정남으로서는 자신에게 유리한 쪽으로 언론 플레이를 했을 가능성이 있다는 것이었다.

"5~6년 동거한 성혜림보다 28년 산 고영희 선택"

김정일이 여전히 장남인 김정남을 자신의 후계자 수업 리스트에 올려놓고 테스트를 하고 있는 것이란 분석도 제기됐다. 김정남이 비교적 자유분방하게 유럽과 중국 등지를 여행하고 있는 것도 김정일이 부여한 모종의 미션을 수행하는 과정이란 해석이었다. 그가 북한 바깥에 체류하면서 직접 체감하는 생생한 국제정세나 경제 관련 정보를 김정일에게 직보直報하고 있는 것이란 첩보도 서울의 정보당국은 주목했다. 대북사업 관계로 마카오에서 김정남과 접촉을 시도한 한 해외교포 인사는 "김정남이 달러를 벌어들일 수 있는 사업에 관심이 많아 보였다"고 말했다. 김정남이 한국의 재벌급 기업과 선이 닿을 수 있는 방법을 문의하면서 현대그룹 외에 상당한 규모의 대북투자를 새로 할 수 있는 쪽이 있는지 타진해 달라는 요청을 했다는 것이다. 김정남이 평양과 베이징, 홍콩, 마카오 등지를 오가며 일종의 무역업에 종사하고 있다는 소문도 이어졌다. 특정기관에 소속돼 있지는 않지만 북한의 정보기관인 국가안전보위부 산하 신흥무역회사와 연계해 컴퓨터와 관련 부품, 비료, 밀가루 등을 해외에서 수입해 이윤을 남기고 되파는 사업을 하고 있다는 것이다. 2008년 4월 김정남과 함께 평양행 비행기를 탔다는 한 인사는 "고려항공 비즈니스석에 탑승한 김정남은 한 시간 삼십여 분의 비행 내내 컴퓨터 수입과 관련한 서류를 읽고 있었다"고 전했다.

물론 정부 당국과 전문가들은 김정남이 후계자 후보군에서 완전히 멀어져 가능성이 없는 상황이라는 데 무게를 둔다. 김정일 입장에서 정혼을 하지 않고 동거상황에서 낳은 아들을 내세우기 쉽지 않은 데다, 국제사회에서 북한을 톡톡히 망신당하게 한 장본인이란 점에서다. 김정일이 성혜림과 산 기간은 5~6년에 불과하기 때문에 김정일로서는 28년간 부부로서 함께 산 고영희와의 관계에 더 무게를 둘 것이란 전망도 대두했다.

황태자 사로잡은 '평양 신데렐라'

23살 퍼스트레이디의 깜짝 등장

"김정은 원수元帥님을 모시고 능라인민유원지 준공식이 성대히 진행됐습니다. 환영곡이 울리는 가운데 김정은 원수님께서 부인 이설주 동지와 함께 준공식장에 나오시었습니다."

2012년 7월 25일 오후 8시. 북한 조선중앙TV의 보도에 서울의 대북부처 당국자와 정보 담당요원들은 놀라움을 금치 못했다. 북한이 국방위원회 제1위원장인 김정은의 부인을 처음 공식호명하고 나선 것 때문이었다. 북한 관영매체가 최고지도자의 부인을 '동지'라는 호칭을 쓰며 보도한 것은 김정일 국방위원장 재임 18년 동안 없던 일이었다. 북한 매체들은 이 보도에서 이설주의 이름을 총 네 번 언급했다.

'부인 이설주 동지'로 첫 등장한 이 행사에는 노동당과 군부의 핵심 인사들이 총출동했다. 이설주는 평양 주재 각국 대사관과 국제기구 대표단 및 부인들과 함께 능라유원지를 둘러보고 대화를 나누는 등 퍼스트레이디로서 준準외교 행보도 벌였다. 이름을 처음 공개하며 베일을 벗은 그녀의 데뷔무대로 북한 김정은체제의 파워 엘리트들과 외교사절이 한자리에 모이는 행사가 꼽힌 것이다.

이튿날 북한 관영 조선중앙통신이 해외 언론에 전송한 두 장의 사진은 김정은체제의 평양에서 과거에 상상하기 어렵던 일들이 벌어질 것임을 보여주기에 충분했다. '회전매'라 불리는 360도 회전 놀이기구에 올라타고 환호하는 28세의 북한 최고지도자와 그의 팔짱을 낀 채 환한 미소를 짓고 있는 부인의 모습이었다. 김정은보다 23살 퍼스트레이디 이설주의 거침없는 행보에 눈길이 더 쏠린 건 당연했다.

파격적 돌출행동에
관심 폭발

능라도는 평양 대동강 한가운데 있는 섬이다. 마치 서울의 여의도와 같은 지리적 위치 때문에 능라경기장 등 대규모 시설이 들어서기에 안성맞춤이다. 여기에 김정은의 지시로 서방의 테마파크 형태의 놀이시설이 들어선 것이다.

능라인민유원지 개관식이 열린 이날 평양은 섭씨 30도가 넘는 더위가 기승을 부렸다. 행사 시작 시간이 되자 검은색 메르세데스 벤츠 최신형 세단이 식장에 들어섰다. 뙤약볕에 서서 기다리던 60~80대의 노동당과 군 간부들이 차에서 내린 김정은과 그의 부인 이설주를 맞았다.

그 가운데는 김정은체제의 최대 후견인으로 불리는 김경희 노동당 비서도 있었다. 깡마른 체구의 김경희는 김정일의 여동생으로, 김정은에겐 고모였다. 그녀는 남편인 장성택 국방위 부위원장과 함께 나란히 서서 박수를 쳤다. 군중의 환호를 받으며 행사장으로 향하는 김정은의 옆자리는 이설주 차지였다. 명목상 권력서열 2위인 김영남 최고인민회의 상임위원장과 3위 최영림 총리2013년 4월 해임 등이 몇 걸음 뒤에서 따랐다.

일행이 수영장 옆을 지날 때 파격적인 장면이 벌어졌다. 물놀이를 하던 학생들에게 답례를 하던 김정은 옆으로 바짝 다가선 이설주가 그의 팔을 부여잡은 것이다. 김정은은 이를 마다하지 않았다. 뒤따르던 노 간부들은 '어떻게 그분의 몸에 손을…….'이라며 당혹해하는 표정이었다. 하지만 이설주는 아랑곳하지 않겠다는 듯 활짝 웃으며 걸음을 재촉했다.

북한에서 '곱등어'라 불리는 돌고래 공연장에서 이뤄진 류홍차이 평양 주재 중국 대사와의 만남은 이설주의 파격행보의 단면을 보여줬다. 외교사절에 포함돼 행사장에 나온 류 대사와 마주친 김정은이 한 계단 내려와 눈높이를 맞춘 뒤 악수했다. 그런데 이설주는 그 자리에 서서 손을 내밀었다. 자연스레 김정은과 류 대사보다 높은 자리에서 내려다보는 '결례 의전'이 벌어진 것이다. 이 장면은 조선중앙통신과 TV로 그대로 공개됐다.

당시 장면을 담은 북한 TV 영상 속에는 '철없고 호기심 많은 20대 아내'의 모습도 나온다. 김정은이 자신의 지시로 마련된 미니 골프장에서 퍼터를 들고 선 캐디에게 이것저것 물음을 던지자 이설주는 호기심 어린 눈빛으로 집중했다. 새로 제작된 휴지통을 꼼꼼히 살펴보고, 김정은의 친필 도안에 따라 설치됐다는 벤치를 만져보는 적극적인 성향도 보였다. 김정은이 수영장 물에 손을 담그자 자신도 해보겠다며 달려들었다가 치마를 입은 걸 뒤늦게 의식하고는 뒤로 한 발 물러서기도 했다.

폭염 속에 하이힐을 신고 장시간 공원을 둘러본 탓인지 막판에는 다리를 약간 절뚝이며 피곤한 기색도 숨김없이 나타냈다. 양팔을 휘저으며 흐트러진 걸음새를 보인 대목도 있다. 돌고래 쇼를 보던 김정은이 양팔을 마구 휘저으며 고래수영 흉내를 내자 이설주는 파안대소했다. 눈치를 살피던 간부들은 부부의 폭소가 터지고서야 안도하며 따라 웃을 수 있었다. 이설주는 단숨에 최고 권력자에 버금가는 반열에 올라 있었다.

김정은 옆
미스터리 그녀

이설주가 공개석상에 처음 모습을 드러낸 건 이보다 18일 앞선 2012년 7월 7일 조선중앙TV를 통해서였다. 모란봉악단의 시범공연을 보러 온 김정은 옆자리에 앉은 장면이 방영된 것이다. VIP 관람석 소파에 등을 기댄 그녀는 김정은 쪽으로 몸을 약간 기울인 채 공연 관람에 몰두했다. 검정색 투피스 정장 차림으로 김정은의 바로 오른편 자리에 앉은 그녀는 굳은 자세의 다른 간부들과 달리 왼팔을 편안하게 받침대에 얹어 놓았다. 그녀의 신상을 둘러싸고 여러 관측이 제기됐고 의문은 증폭됐다. 북한이 그녀와 관련해 이름조차 밝히지 않은 것은 물론 아무런 설명을 하지 않은 때문이었다.

HD급이 아닌 아날로그 방식의 북한 TV 화면으로는 또렷한 영상 분석이 이뤄지기 어려웠다. 서울의 정보당국은 신상파악에 애를 먹을 수밖에 없었다.

다음 날 김정은과 이설주는 김일성 사망 18주기를 맞아 시신이 안치된 금수산태양궁전을 찾아 이른바 '태양상김일성 영정사진' 앞에서 나란히 고개를 숙였다. 다른 간부들과 달리 김정은과 함께 둘만 한 발짝 앞에 나와 참배하는 모습은 그녀가 특별한 존재라는 점이 부각된 장면이었다.

북한 TV의 화면만으로는 이 여성의 모습을 정확히 파악하기 쉽지 않았다. 당국은 모란봉악단 공연과 김일성 시신 참배에 나온 여성이 동일인일 가능성이 높다고 추정할 뿐이었다. 이 때문에 일각에서는 김정은의 여동생 여정일 것이란 관측이 제기됐다. 여정이 오빠를 지근거리에서 수행하며 음악회 참석과 할아버지 추모행사 참석 등 퍼스트레이디 역할을 대신하고 있는 것이란 분석이었다. 여정은 1990년대 친오빠인 정철·정은을 따라 스위스 베른국제학교에서 유학했다. 2011년 12월 김정일 장례행사 때 상복 차림의 젊은 여성이 김정은 옆에서 문상객을 맞는 장면이 나오자 우리 정보당국은 이를 여정일 것으로 판단했다.

일각에서는 한때 김정은과 염문설이 나돈 보천보전자악단 출신 가수 현송월일 가능성도 제기했다. 현송월은 2005년 〈준마처녀잘 달리는 말처럼 일 잘하는 여성을 의미〉란 히트곡으로 최고의 인기를 누렸지만 김정은이 후계자로 부상하던 2006년 갑자기 모습을 감췄다. 그러다 2012년 3월 은하수관현악단의 음악회에 6년 만에 얼굴을 드러냈다. 당시 만삭의 몸으로 객석에 있던 현송월은 사회자가 무대에 오를 것을 권유하자 '출산을 앞두고 있다'고 사양하다 거듭된 요청에 노래를 불렀다. 정부 당국자는 언론에 "현송월은 김정은과 10대 시절부터 친분이 있고, 북한 고위층 사이에선 내연관계라는 얘기가 나돌 정도"라는 첩보를 전하기도 했다. 하지만 북한 주민들이 관심을 가질 공개음악회나 할아버지 추모행사장에 내연녀와 동행한다는 건 상식에 어긋난다는 반론이 힘을 얻었다.

이설주는 같은 달 15일 김정은의 평양 창전거리 경상유치원 현지지도에 세 번째로 모습을 보였다. 노란색 물방울무늬 원피스와 하얀색 카디건 차림에 하이힐을 신고 김정은을  가장 가까운 거리에서 수행했다. 김정은과 얼굴을 마주 보고 활짝 웃는 모습도 화면에 잡혔다. 마치 금실 좋은 부부를 연상시킨다는 얘기가 전문가들 사이에서 나오면서 그녀가 김정은의 부인일 가능성이 굳어져 갔다.

미키마우스 등장한 데뷔무대

이설주의 첫 공석 등장은 파격이었다. 후계권력을 거머쥔 지 불과 반 년 만에 김정은이 자신의 부인을 공개했다는 점도 놀라웠지만 그 방식도 흥미로웠다. 김정은 시대 들어 그의 취향에 맞게 새로 만들어진 모란봉악단의 시범공연을 이설주의 데뷔무대로 삼은 것이다. 성악을 전공한 이설주가 은하수관현악단의 가수였다는 점을 배려한 조치라는 해석이 나왔다.

모란봉악단 공연은 20대 나이에 한반도의 절반인 '조선민주주의인민공화국'을 상속받은 김정은과 그의 선택을 받은 신데렐라 이설주의 취향을 그대로 보여줬다. 북한 모란봉악단의 시범공연이 열린 2012년 7월 6일 평양 시내의 한 극장. 레이저 빔이 쏟아지는 무대 위에서 미녀 연주자와 가수가 공연에 열중하고 있었다. 짧은 치마에 가슴 위를 드러낸 파격적 의상은 과거 김정일 시대였다면 '부르주아 날라리풍'이라며 금기시되던 차림새였다. 파격은 이어졌다. 잠시 후 '미키마우스'와 '곰돌이 푸' 등 미국 월트디즈니사의 캐릭터로 분장한 인물들이 등장했고, 배경화면에는 '백설공주'와 '미녀와 야수' 그림이 비춰졌다. 모두 미국 자본주의 문화의 상징으로 여기지는 것들이었다. 전광판 자막에는 과거 '이 좋은 세상……' 운운하며 체제 선전을 하던 문구 대신 '이 좁은 세상……'이라는 문구가 비춰졌다. 더 넓은 세상을 향해 나가자는 취지였다.

김정은은 두 시간 넘게 진행된 공연을 지켜본 뒤 기립박수를 보냈다. 그러곤 "다른 나라의 좋은 것은 대담하게 받아들여 우리의 것으로 만들어야 한다"고 말했다. 미국 AP통신은 평양발로 "북한 공연에서 디즈니 캐릭터가 등장한 건 이번이 처음"이라며 "새 지도자 김정은이 글로벌 추세를 강조하며 북한에 새바람을 불어넣는 게 아니냐"고 보도했다.

미키마우스가 새겨진 연필이나 가방 등이 중국에서 수입된 적은 있지만 북한 최고지도부가 관람하는 공연에 디즈니 캐릭터가 등장한 건 처음이다. 월트디즈니사의 제니아 무차 대변인은 이에 대해 "북한 측과 라이선스 계약을 맺은 적은 없다"고 말했다. 핵 실험과 미사일 발사로 인한 미국의 대북한 제재는 북한 물품의 미국 내 반입을 금지하고 있지만 미국 상품의 북한 판매까지 금지하고 있지는 않다. 미국의 CBS방송은 "디즈니 캐릭터를 공식행사에서 사용한 데서 보듯 북한의 20대 지도자가 아버지인 김정일과 달리 젊음과 활력, 현대화 이미지를 외부세계에 과시하고 있다"고 보도했다. 일각에서는 "폐쇄적인 북한이 외부에 문을 여는 신호가 아니냐"는 분석도 제기했다.

　김정은은 앞서 같은 달 3일 평양 양말공장을 방문해 "소비자의 기호와 심리, 미감에 맞으면서도 세계적 추세에 맞게 양말의 색깔과 문양, 상표 도안이 따라야 한다"고 강조했다. 김정은이 여성들의 짧은 스커트, 스키니 진, 통굽 구두, 귀고리 착용을 허용했다는 얘기도 대북 전문 인터넷매체와 외신보도로 흘러나왔다. 이런 스타일은 자본주의적이라는 이유로 수입이 금지된 품목이었으나 북한 여성들 사이에서 암암리에 유행하기 시작했다. 또 피자, 프렌치프라이, 햄버거 등 과거 금지했던 식품들도 보다 쉽게 사 먹을 수 있도록 허용했고 어린이의 동물원, 놀이공원 입장도 무료화한 것으로 파악됐다. 이 같은 조치들은 북한에 새로운 '국가 이미지'를 심으려는 김정은의 시도라고 분석됐다. 모두 다 퍼스트레이디 이설주의 깜짝 등장과 함께 이뤄진 변화의 움직임이기도 했다.

본격화된
이설주 '신상 털기'

김정은과 동행하던 여성이 부인 이설주란 사실이 확인되면서 그녀의 구체적 신상이나 과거 행적에도 관심이 쏠렸다. 한국은 물론 미국과 일본 등 외국 언론의 스포트라이트가 여기에 맞춰졌다. 결혼 사실 자체가 베일에 싸여 있던 북한 최고지도자 김정은의 부인이 된 배경이나 신상에 대한 궁금증이었다.

김정은이 후계자로 부상하면서 결혼설은 수차례 제기됐다. 김정일이 후계자로 김정은을 낙점하면서 배우자를 찾아 맺어줬다는 얘기였다. 그녀가 함경북도 청진 출신으로 의사 집안의 딸이라는 등의 소문도 북한 내부에서 흘러나왔다. 국가정보원 등 대북정보부서에서는 "김정은의 결혼과 관련해 확인된 것은 없다"는 입장을 보였다. 20대의 젊은 나이에 김정은이 결혼했다는 건 좀 이른 감이 있다는 주장과 함께 김정일이 후계 지명과 관련해 가장 중요한 문제인 배우자 문제를 결정하지 않았을 리 없다는 반론이 맞섰다.

사실 김정은체제의 출범을 전후한 북한 권력 핵심부의 동향에 촉각을 곤두세워 온 한·미 정보당국도 김정은의 결혼과 관련한 구체적인 사항을 파악하지는 못한 상태였다. 당국 역시 김정은이 함경북도 태생의 여성과 결혼했다는 첩보를 인적 네트워크를 통해 수집된 정보인 휴민트HUMINT, Human Intelligence망을 통해 확보하고 있었다. 그러나 '확증된 단계의 정보'가 아니라는 점에서 "확인된 사실이 없다"는 입장을 유지할 수밖에 없었다는 설명이다. 정보당국이

김정은의 결혼에 대해 확정적으로 밝힌 건 '부인 이설주'가 북한 관영매체를 통해 확인된 직후였다.

네티즌들의 이설주 신상 털기 과정에서 가장 먼저 언론의 관심을 받게 된 건 은하수관현악단 소속의 가수 이설주다. 〈병사의 발자국〉, 〈아직은 말 못해〉 등의 인기곡을 부른 미모의 가수로 북한 TV에도 자주 등장했던 이설주가 김정은의 부인 이설주와 동일인물이며, 첫 공개활동을 모란봉악단 공연 관람으로 시작한 것도 이런 배경에서란 관측이었다. 그녀의 공연 장면은 인터넷 동영상사이트인 유튜브를 통해서도 공개돼 화제가 되기도 했다. 결국 두 이설주가 같은 인물일 가능성이 높다는 쪽으로 잠정 결론이 내려졌다.

그녀의 신상에 대한 궁금증을 갖고 있던 한국 언론들은 구체적인 내용을 파악하기 위한 취재에 들어갔다. 하지만 은하수관현악단의 단원으로 활동할 당시의 북한 TV 동영상을 찾아내 '전직은 가수'란 사실을 들춰내는 것 이상의 진전을 보지 못했다. 이설주의 과거는 베일에 싸인 채 이대로 묻히는 듯했다.

그런데 뜻밖의 일이 벌어졌다. 그녀가 과거 한국을 방문한 사실이 포착된 것이다. 북한 매체들의 '부인 이설주' 확인보도 직후 중앙일보는 2000년대 들어 한국을 찾은 북한 주민 관련 기록과 이설주란 인물의 언론보도 여부를 추적하기 시작했다. 결국 2005년 9월 인천에서 열린 16회 아시아육상선수권대회에 '청년학생협력단' 소속으로 방문한 학생들 중 17세의 여학생 이설주가 있었다는 사실이 드러난다. 그녀의 얼굴 윤곽이나 눈매 등이 김정은 부인과 매우 흡사하다는 점이 파악됐다. 2005년 말 이설주는 북한을 방문한 남측 취재진을 위한 공연에서 〈내 나라의 푸른 하늘〉을 부른 후 "피바다가극단 같은 국가예술기관에서 활동하고 싶다"고 포부를 밝히기도 했다.

이설주가 방북 취재진과 함께 찍은 사진도 중앙일보 2012년 7월 27일자를 통해 공개됐다. 한복 차림의 그녀는 2007년 5월 11일 평양 만경대 구역의 금성학원 강당을 찾은 중앙일보 기자에게 "해 솟는 백두산은 내 조국입니다. 제주도 한라산도 내 조국입니다"라며 환영공연 무대에 올랐다. 가성에 가까운 가늘고 간드러지는 다른 북한 여성들의 목소리와 달리 이설주는 중저음의 음색으로 〈백두와 한라는 내 조국〉을 불렀다. 당시 준비된 프로그램엔 이설주가 〈청춘〉이라는 노래를 부르도록 돼 있었다. 하지만 이 노래는 2000년 서울을 방문했던 김주향이란 학생이 부르고, 이설주는 공연 막바지에 등장했다. 통통한 얼굴에 160㎝를 약간 넘는 키, 다부진 모습이었다. 이설주는 무대를 왔다 갔다 하며 청중들의 눈길을 끌었다.

공연을 마친 뒤 이설주는 빨간색 한복으로 갈아입고 6명의 중앙일보 취재진을 안내하고 환송했다. 그녀는 남한 손님을 영접하는 금성학원의 '대표선수'였다. 이설주는 취재진의 질문을 피하지 않았다. 외부 방문객 영접을 했던 경험이 있었는지 남측 기자들 앞에서 전혀 위축되지 않았다. 그녀는 취재기자의 팔짱을 먼저 끼려고 하는 모습을 보이기도 했다. 매우 자연스럽게 학교를 안내했으며, 취재진의 질문에 여유 있게 답했다. 사적인 질문도 척척 받아넘겼다. 여느 학생들이 '남조선 방문객' 앞에서 위축된 모습을 보이거나, 어색한 언행을 하는 것과는 확연히 달랐다.

이설주가 2003년 금강산에서 열린 청소년적십자RCY, Red Cross Youth 50주년 기념 '남북 RCY 우정의 나무 심기' 행사에 북한 대표로 참석했던 사실도 드러났다. 대한적십자사가 공개한 당시 사진 속에는 북한 RCY 대표로 참석한 이설주가 남한 대표 박용희 씨와 소나무를 심은 뒤 웃고 있는 장면이 나온다. 대한적십자사 관계자에 따르면 당시 남북한 RCY 대표 20명이 금강산에서 만나 공동 식수행사를 치렀다. 남한과 북한 남녀 1명씩 2명이 한 조로 편성돼 나무를 심었는데, 이설주와 한 조였던 박씨는 그녀를 남한 사람을 스스럼없이 대한 학생으로 기억했다.

박씨는 "북한 친구들이 폐쇄적일 것이라는 선입견과 달리 먼저 다가와 얘기를 건네며 자신을 중학생이라고 소개했고 굉장히 사교적이었다"며, "표준말에 가까운 말투를 써서 놀랐다"고 말했다. 또 박씨는 "남한은 지역별로 대표가 갔지만 북한에서는 대부분 평양 출신의 미남 미녀들이 왔다"고 기억했다.

인터넷을 통한 기사검색 등을 통해 이설주란 여학생이 2004년 금강산에서 열린 전교조 주관의 남북교사회담에도 중학교 5학년우리의 고교 2학년에 해당으로 참석한 기록이 추가로 나타났다. 이 행사에 참석했던 한 인사는 "행사를 마치고 이설주에게 사진을 찍자고 했더니, '네'라며 흔쾌히 응했다"며, "한복을 입고 있는 모습이 유난히 눈에 띄었다"고 전했다.

이설주의 일본 방문설도 일본 언론에 의해 제기됐다. 산케이 신문은 2012년 8월 5일자 보도에서 "이설주가 유네스코 주최로 2002년 8월 1~3일 후쿠오카에서 열린 '동아시아 어린이 예술제'에 참가했다"고 전했다. 이설주는 평양소년대표단의 일원으로 참가했으며 당시 북한의 예술·예능 영재학교인 평양 김성제2중학교 2학년이었다는 것이다. 그녀가 동료 19명과 함께 노래와 춤을 선보였다는 소식도 전했다. 산케이에 따르면 이설주는 '李雪珠'란 한자로 이름을 표기했고 나이는 13세로 등록했다.

**고려항공 파일럿의
딸**

이설주가 북한 TV에 '부인 이설주 동지'로 공개된 이튿날인 2012년 7월 26일. 국가정보원은 국회 정보위에서 그녀의 신상에 대해 파악된 내용들을 보고했다. 은하수관현악단 출신인 이설주가 김정은과 2009년 결혼했고 아이도 한 명 두고 있다고 보고했다. 갓난아기로 추정되지만 성별이나 연령은 아직 알 수 없다는 얘기였다.

'장군님의 여자'임에도 2012년 1월까지 공연했고 북한 TV로도 방영됐다는 것이다. 이설주가 2005년 제16회 아시아육상선수권대회 응원차 인천에 왔다는 점도 국정원이 확인했다. 국정원은 이설주가 중국에서 성악을 전공한 유학파라고 설명했다. 스위스에서 조기유학한 김정은과 부인 이설주가 해외 유학파 커플이란 얘기였다.

국정원은 김정은의 부인과 관련해 공개석상 등장 이전 제대로 파악되지 않았던 상황에 대해 "그녀를 둘러싸고 '박설주다, 한설주다, 이설주다'라는 첩보가 있어 확인작업을 지속적으로 해 왔다"고 설명했다. 대외적으로 분명하게 공개할 수준의 정보판단이 이뤄지지 않았다는 말이다. 이설주의 출신성분과 관련해 국정원은 "특별히 고위층 인물이 아닌 평범한 집안"이라고 강조했다. 함북 출신이라거나 의사집안이란 설에 대해서는 사실이 아니라는 점을 확인했다. 그렇지만 부모가 어떤 부류의 사람인지에 대해서는 공개하지 않았다.

국정원 발표에도 불구하고 일부 북한 전문가들은 이설주의 신상과 관련해 다양한 주장을 제기했다. 북한 후계문제를 추적해 온 세종연구소 정성장 박사는 이설주와 관련 "27살(2012년 7월 당시)에 키는 164cm 정도이며 김일성종합대학을 졸업한 엘리트로 파악된다"며, "아버지는 청신시 대학 교원이며 어머니는 수남구역 병원 산부인과 과장"이라고 밝혔다. 이후에도 이설주의 신상이나 출신배경과 관련한 이러저런 이야기들이 한국과 일본 등지에서 쏟아졌지만 사실관계는 확인되지 않았다.

이설주의 출신배경이 드러난 건 그녀가 퍼스트레이디로 처음 얼굴을 드러낸 지 1년 만인 2013년 7월쯤이었다. 정보기관 핵심 당국자는 통일부 기자단의 확인요청에 "이설주의 아버지는 고려항공 조종사 출신"이라고 확인했다. 북한 유일의 항공사인 고려항공은 민간항공사로 알려져 있지만 실제로는 군이 통제한다. 민용항공총국의 책임자는 군 고위 장성이 맡고 있다. 또 조종사의 경우도 현역 또는 예비역 공군 조종사가 담당하는 경우가 대부분이다. 이설주의 아버지도 공군 출신의 군 관계자일 가능성이 높다는 게 우리 당국의 판단이다.

거침없는
위풍당당 그녀

다정하게 팔짱을 낀 김정은·이설주 부부의 모습은 과거 북한에선 상상할 수 없는 파격이었다. 북한 퍼스트레이디들은 대개 '얼굴 없는 존재'였기 때문이다. 김정은이 부인 이설주를 공식석상에 동반하고 이름까지 관영매체를 통해 공개하자 일각에서는 김정은체제의 북한이 개혁·개방 쪽으로 움직이기 위한 전조라는 기대감을 높이 가졌다. 김일성·김정일과 다른 전향적 노선을 걷겠다는 의미로 해석할 수 있다는 점에서였다.

김일성은 사망 한 달 전인 1994년 7월 부인 김성애를 동반해 지미 카터 전 미국 대통령 부부를 맞이한 경우를 빼곤 공개석상에 그녀를 등장시키지 않았다. 김정일은 공개석상에 김정은의 생모 고영희를 동반한 사례가 드러나지 않았다. 김정일 사망 이후 김정은 우상화 차원의 기록영화에서 김정일·고영희의 생전 모습이 공개됐을 뿐이다.

배우자를 은둔의 여인으로 남겨뒀던 김일성·김정일과 달리 김정은은 일찌감치 퍼스트레이디로 공개석상에 등장시켰다. 북한 전문가들은 그 의미를 분석하기 위해 다양한 해석을 내놓았다. 국방부 차관을 맡은 한국국방연구원 백승주 박사는 "10대 때 유럽스위스 베른에서 유학했던 김정은이 부인을 동반했던 서구 지도자들의 모습을 자연스레 받아들이고 있는 것으로 봐야 한다"고 풀이했다. 주민들에게 이전과는 다른 리더십이 등장했음을 상징적으로 보여주려는 움직임이란 얘기였다.

결혼 사실을 알려 후계권력 구축에 안정감을 더하려는 시도로 보는 시각도 등장했다. 부인이 있다는 점을 부각시켜 '철없는 어린 지도자'란 주민들의 인식을 불식시키려 했다는 것이다. 실제로 부인 공개와 함께 아이가 있다는 사실이 알려지면서 어리고 미숙한 지도자라는 김정은의 이미지는 상당한 변화가 있었던 것으로 평가됐다. 이설주를 통한 '김정은 어른 만들기' 이미지 메이킹이 성공적이었다는 얘기다.

아무런 설명 없이 미모의 20대 여성을 최고지도자 옆에 등장시켜 한동안 안팎의 궁금증을 증폭시킨 뒤 실명을 전격 공개함으로

써 효과를 극대화하려 한 점도 눈에 띈다. 김정은의 후견인 역할을 하고 있는 고모 김경희 노동당 비서와 그 남편인 장성택 국방위 부위원장 및 선전·선동 전문가들이 치밀한 계산 아래 '이설주 공개'를 진행했을 것이란 진단도 제기됐다. 김정은의 여동생 여정이 이런 이미지 연출을 총괄하고 있다는 첩보도 입수됐다. 일단 관영매체에 이설주를 띄워 여론을 살펴본 뒤 반응이 나쁘지 않다고 판단해 부인이란 사실과 이름까지 공개했다는 분석도 제기됐다.

이설주가 북한 관영매체에 첫 등장한 2012년 7월 6일은 김정일 사망으로 어수선하던 북한 권력이 한창 요동치고 있던 시점이었다. 같은 달 15일에는 김정은의 후견인이던 이영호 북한군 총참모장이 전격 숙청되는 일도 벌어졌다. 아버지 김정일이 정해준 군부 과외교사격인 이영호를 쳐낸 건 권력기반을 어느 정도 다져가고 있다는 자신감의 표현이란 해석도 나왔다. 김정은에게 원수 칭호가 부여되는 등 후계권력 안착이 탄력을 받았다는 판단에 따라 부인의 공석 등장이라는 카드를 들고 나왔다는 견해도 북한 전문가들 사이에서 제시됐다.

이런 상황에서 북한의 입장을 대변하는 것으로 알려진 재일조선인총연맹조총련 기관지 조선신보가 7월 27일자에 이설주와 관련한 보도를 들고 나와 관심을 끌었다. 이 신문은 북한이 퍼스트레이디를 공개한 데 대해 "명확한 의도에 따라 준비된 것"이라고 전했다. 신문은 "김정은 제1위원장의 정치스타일은 공개성의 과정을 중시한다는 특징이 있다"며, "숨기지 않고 공개하는 자신감의 표현"이라고 덧붙였다. 그러면서 "젊은 영도자김정은는 국제사회의 추세를 바탕으로 조선의 모습을 있는 그대로 당당하게 과시하려 하고 있다"며, "고립된 나라, 폐쇄된 사회의 딱지로 조선을 비방·중상한 외국 언론도 사고의 전환을 하지 않으면 안 되는 상황"이라고 주장했다. 북한 관영매체들을 동원할 경우 부담감을 떨치기 위해 북한을 외곽에서 대변하는 역할을 하고 있는 것으로 평가돼 온 조총련 기관지를 활용한 것이란 관측이 나왔다.

목소리 없는 그녀……
풀리지 않는 의문점

　북한은 이설주의 이름만 알렸을 뿐 나머지 사항에 대해서는 함구했다. 나이나 경력, 출신성분 등을 공식적으로 밝히지 않고 있다. 그녀의 목소리는 한 번도 공개되지 않았다. 이 때문에 이설주에 대한 의문이 꼬리를 물고 있다.
　가장 먼저 제기된 건 이설주의 결혼 시점과 은하수관현악단 활동 문제다. 국정원은 2009년 김정은이 이설주와 결혼한 것으로 파악하고 있다고 국회 정보위에 보고했다. 그런데 이설주는 2009년 9월 은하수관현악단이 공개된 이후 지속적으로 무대에 섰다. 2011년 2월 설맞이 신년음악회 공연에도 출연했다. 결혼한 뒤에도 가수활동을 계속했다는 얘기다. 북한에서 신과 같은 존재로 여겨지는 최고지도자나 그 후계자의 부인이 악단원들과 어울려 공연을 준비하고, 일반인들에게 TV로 방영되는 무대에 섰다는 게 너무나 이례적이라는 것이다.

특히 2011년 12월 사망 전까지는 김정일이 절대 권력을 거머쥐고 있었고, 김정은이나 이설주 모두 그의 뜻을 거역하기 어려웠을 것이란 점에서 보면 더욱 납득하기 쉽지 않다. 로열패밀리 여성들의 대외 공개를 꺼려온 김정일이 며느리의 공연을 용납했을까 하는 점도 의문이 간다. 이설주가 2012년 2월 이후 공연장에서 모습을 감췄다는 점을 들어, 결혼 시점이 이때쯤이었을 것이란 관측도 제기된다. 하지만 국정원과 정부 관계자들은 "결혼 시점은 여러 경로를 통해 확인한 내용"이라며 '2009년 결혼'에 무게를 싣는다.

출산문제도 관심거리다. 국정원 설명대로 2009년 결혼을 했고, 3살짜리2012년 당시 아이가 있다면 이설주는 20세에 결혼해 출산한 셈이다. 그러나 당시 이설주는 무대에 계속 출연했다. 한복을 입어 몸매가 가려지긴 했으나 계속 활동한 것으로 미뤄 당시 출산했을 가능성은 적지 않느냐는 지적도 나온다. 이설주는 2013년 1월 딸로 파악된 둘째아이를 낳은 것으로 우리 정보당국은 판단하고 있다.

청담동 며느리
패션

이설주의 파격적 모습은 그녀의 패션스타일에서도 드러났다. 공개석상에 첫 등장한 2012년 7월 한 달 동안 그녀는 모두 일곱 번

공개석상에 나타났다. 세간의 관심이 온통 평양의 젊은 퍼스트레이디에 쏠려 있던 이 시기는 그녀의 이미지를 세간에 각인시킬 수 있었던 결정적인 시점이었다. 모란봉악단 공연장에 첫 데뷔한 같은 달 6일 이설주는 검은색 투피스 정장 차림이었다. 이틀 뒤 금수산태양궁전을 찾아 18주기를 맞은 시아버지 김일성의 시신에 참배할 때도 마찬가지였다. 1994년 7월 8일 사망한 김일성 추도기간임을 의식했기 때문으로 관측됐다.

그렇지만 7월 14일 조선중앙통신이 평양 경상유치원 방문 모습이라며 공개한 사진에선 분위기가 확 달라졌다. 흰색 물방울무늬가 있는 노란색 원피스로 어린아이들과 함께하면서 '영부인'의 모습을 연출했다. 발가락 부분이 트인 오픈토슈즈를 즐겨 신고 원색계열 원피스 정장에 볼레로 스타일의 짧은 재킷을 걸친 그녀의 패션을 두고 강진주 퍼스널이미지연구소장은 "이른바 '청담동 며느리 스타일'인 '뉴엘레강스룩'에 가까운 패션"이라고 분석했다. 이를 계기로 이설주의 옷차림을 두고 '청담동 며느리 스타일'이란 수식어가 유행처럼 붙었다.

이설주가 하이힐에 허리선이 높은 패션을 즐기는 건 작은 키를 커버하려는 의도로 보인다는 분석이 제기됐다. 또 은하수관현악단 가수시절 길던 머리카락을 짧은 커트형으로 자른 건 발랄하고 활동적인 이미지를 보여주려는 의도로 풀이됐다.

북한 주민이라면 누구나 달아야 하는 김일성·김정일 배지북한에선 '초상휘장'이라고 호칭를 거의 달지 않고 나타나는 것 역시 이설주의 자유분방함과 퍼스트레이디로서의 위상을 잘 보여주는 대목이란 해석이 나왔다. 일부에선 이설주가 좋아하는 블라우스 등의 패션스타일은 김일성 배지를 달기에 부적합하기 때문이란 지적도 제기됐다. 하지만 이후 정장 상의나 외투 차림에도 배지를 빼먹고 나오자 이를 둘러싼 궁금증이 증폭됐다. 이에 대해 누구도 설득력 있는 설명이나 견해를 제시하지 못했다.

그녀가 '부인 이설주 동지'로 실명을 밝히며 베일을 벗은 건 7월 25일 능라인민유원지 방문 때였다. 같은 달 27일 북한이 이른바 '전승절한국전쟁 휴전협정 체결일'로 주장하는 음악회에는 똑같은 검은색 원피스에 붉은 계열 재킷을 입었다. 정부 당국자는 "검박한 '최고지도자 부인' 이미지를 주기 위해 며칠 새 같은 옷을 입고 나온 것으로 보인다"고 말했다. 당초 이설주가 능라인민유원지 행사에 두 가지 차림새로 나타난 사진이 전송돼 수시로 옷을 갈아입는다는 관측이 나왔으나 25일 공식 개관식에 앞서 하루 전 김정은과 함께 다른 차림새로 사전점검을 한 것으로 확인되면서 의문은 풀렸다.

**샤넬풍을 좋아하는
그녀**

이설주의 패션스타일을 분석한 전문가들은 그녀가 샤넬풍의 옷차림을 선호하는 것으로 진단했다. 또 때와 장소에 맞춰 의상에 변화를 주는 등 이미지 연출에도 상당한 신경을 쓰고 있다는 결론도 내렸다. 그녀의 패션스타일은 북한 관련 세미나에서 주제로 등장했다. 북한 특정 인물의 패션을 놓고 학문적인 접근이 이뤄진 것은 이설주가 사실상 처음이었다. 한 세미나 주제발표를 맡은 최선임 서울종합예술학교 교수는 "첫 등장 이후 이설주의 사진과 동영상을 분석한 결과 샤넬풍 패션이 대부분이었고, 앳된 여성스러움을 강조하는 경향이 두드러진다"고 했다.

샤넬풍은 프랑스의 세계적 디자이너 코코 샤넬1883~1971의 제품에 드러나는 여성복 스타일을 말하며, 칼라가 없어 목선이 잘 드러나는 등의 특성이 있다. 이설주의 경우 북한의 퍼스트레이디라고 하지만 해외 명품 의상을 사들여 입는 단계는 아닌 것으로 나타났다. 옷감이나 바느질 등을 분석해 보면 중국으로부터 원단을 수입해 북한의 의상 디자이너들이 샤넬 제품을 본떠 맞춰 입는 상황으로 판단된다는 것이다. 이 때문에 옷감이나 색상이 80년대 한국의 '양장점 패션' 수준에 머물고 있다는 평가가 나온다.

패션 전문가들은 이설주가 시간time·장소place·경우occasion에 맞춰 옷차림을 달리하는 등 패션의 기본인 'T·P·O'에 충실한 모습을 보인다고 말한다. 이설주는 김일성 참배행사 때 검은색 투피스 정장을 입었지만 놀이공원 개관식엔 밝은 원색 계열 블라우스 차림으로 나왔고, 유치원 방문 때는 노란색 도트무늬땡땡이 원피스로 어린이들과 어울리는 장면을 연출했나. 키가 크시 않고 통통한 체형을 보완하기 위한 스타일 연출도 눈에 띈다. 소매와 밑단 길이가 짧은 볼레로풍 재킷을 즐겨 입고 앞창 부분에 굽을 넣은 하이힐을 즐긴다는 것이다.

이설주가 김일성 배지를 착용하지 않는 점을 두고 "현대적인 감각을 드러내기 위해 과감한 선택을 한 것"이란 분석도 패션 전문가들은 내놓는다. 배지 대신 메탈 소재의 꽃 모양 브로치를 달아 멋을 내는 점이 눈에 띈다는 것이다.

스타일 연출에 다소 미흡한 점도 드러났다. 앞 코가 터져 있어 발가락이 드러나는 오픈토슈즈나 속살이 비치는 시스루see through 패션은 우아한 모습을 보여줘야 하는 퍼스트레이디들은 선호하지 않는 차림인데 자주 착용하고 있다는 지적이다. 한 전문가는 "이설주가 해외 패션잡지를 상당히 많이 보고 있고, 세련된 감각은 아니지만 유행을 알고 싶어 하는 호기심이 많은 듯하다"며, "그의 패션을 전담하는 북한 전문가들도 매우 치밀하게 스타일 연출에 공을 들이고 있는 느낌"이라고 말했다. 이설주의 패션이 북한 체제와 주민들이 개방 쪽으로 가는 데 영향을 미칠 수 있을 것이란 견해도 일각에서 제기됐다.

김정은·이설주의 스위스제 커플시계

이설주의 패션스타일은 남한 네티즌들 사이에서도 관심거리로 부상했다. 그녀가 어떤 옷차림을 하고, 헤어스타일이 어떻게 변하며 어떤 소품으로 멋을 냈는지를 두고 언론보도와 인터넷 기사, 그리고 댓글이 쏟아졌다. 이설주가 크리스챤 디올의 클러치백을 들고 나오면서 이런 관심은 증폭됐다.

이설주가 김정은의 군부대 방문 등 공개활동을 거의 빠짐없이 수행하던 2012년 8월. 관영 조선중앙통신은 7일 북한군 552부대 예하 구분대대대급 이하를 의미를 방문해 여군들의 소규모 공연을 관람한 김정은·이설주의 모습을 사진으로 전송했다. 최용해 군 총정치국장과 현철해 차수, 부대 관계자 등에 둘러싸여 부대 내 야외무대 앞에 앉아 있는 모습이었다. 그런데 이설주 옆으로 검은색 자그마한 클러치백 하나가 눈에 띄었다. 프랑스 유명 브랜드인 디올의 제품으로 국내 판매가격 180만 원 정도의 제품이었다. 좀 더 크기가 큰, 같은 디자인의 핸드백은 400만~500만 원대에 이르는 명품백이다. 그녀가 이 제품을 애용해 '디올 레이디'로 불린 영국의 다이애나 왕세자비를 벤치마킹하려는 것이란 관측도 나왔다.

미국 시사주간지 타임은 "이설주의 가방은 북한 근로자 1년치 급여에 해당한다"며 프랑스 혁명 과정에서 국고를 낭비한 죄로 처형당한, 화려함과 사치의 상징이었던 프랑스 왕비 '마리 앙투아네트'와 비교하며 꼬집기도 했다. 하지만 일각에서는 디올백이 다른 명품에 비해 비교적 가격이 낮은 수준인 데다 한 체제 최고지도자의 배우자로서 그 정도의 제품을 사용하는 걸 두고 사치라고까지 비판하는 건 무리가 아니냐는 반론도 나왔다.

이설주의 파격적 패션스타일 발걸음은 멈춰지지 않았다. 김정은과 함께 스위스제 명품인 모바도로 추정되는 커플시계를 차고 나오는가 하면 고급 목걸이를 선보여 화제가 되기도 했다. 김정은을 수행하면서 바지 차림으로 등장해 이목을 집중시키기도 했다.

평양 주민들 사이에서도 이설주의 등장에 따른 변화가 일어났다. 평양 등을 중심으로 그녀가 입었던 옷과 구두를 따라 하는 '이설주 패션'이 유행한 것이다. 특히 이설주가 선보인 짧은 스커트는 젊은 여성들 사이에 선풍적 인기를 끌었다

9월 들어서는 김정은 시대에 새로 문을 연 서구식 편의시설을 잇달아 방문한 소식이 북한 매체를 장식했다. 1일에는 창전거리 해맞이식당을 방문해 관심을 모았다. 이곳에 마련된 카페에서는 두 사람이 커피를 마시고 팝콘을 함께 즐기는 장면이 드러나기도 했다. 슈퍼마켓에는 네스카페 커피와 파인애플 등 각종 과일이 선보였고, 유럽식 빵집도 문을 열었다. "해맞이 식당을 돌아보니 분위기가 정말 좋고, 모든 것이 마음에 든다고 하시면서, 100점 만점이라고 대만족을 표시하셨다"는게 북한 매체들이 전한 김정은의 반응이었다.

김정은·이설주 부부가 평양 만수대지구에 새로 입주한 일반 가정집을 방문한 모습이 관영매체로 공개되기도 했다. 5일 조선중앙통신은 이들 부부가 평양기계대학 교원, 노동자, 신혼부부 가정 등을 찾아 생활에 불편한 점이 없는지 등을 점검했다고 전했다. 창전거리는 그해 4월 김일성 100회 생일을 계기로 완공된 '북한판 뉴타운'이다.

이 자리에서 이설주는 자신이 직접 만든 음식을 선물로 주고 조리방법을 알려주기도 했다. 특히 중앙통신과 TV로 이설주가

설거지하는 장면을 내보냈다. 김정은은 물론 이설주가 친 서민 행보를 하고 있음을 보여주려는 의도였다.

평양 쇼핑센터에는
'라네즈' 브랜드가 등장

샤넬풍 패션에 크리스챤 디올 클러치백을 좋아하는 이설주가 한국 화장품을 애용하는 것으로 알려지면서 화제가 됐다. 2012년 말 방북한 미국 국적의 유력 한인 인사를 통해 이설주에게 한국산 화장품 세트가 전달된 게 계기가 됐다고 한다.

이설주에게 전달된 화장품 브랜드는 아모레퍼시픽이 '명품 한방 화장품'을 표방해 만들고 있는 '설화수' 제품인 것으로 파악됐다. 이설주를 위해 사용법이 상세하게 적힌 메모가 함께 보내진 것으로 알려졌다.

이설주가 '남조선 화장품'에 관심을 갖게 된 배경은 알려지지 않았다. 다만 한국인 피부에 적합한 화장품이란 점이 선택 요건이 됐을 것이란 관측이 나온다. 전문가들은 "북한에서 반감이 심한 일본산 화장품 브랜드를 사용할 경우 부담이 따르고, 서방 화장품은 잘 맞지 않을 수 있다는 우려 때문에 한국산에 관심을 보인 것 같다"고 말했다.

이설주는 남한 물품이나 북한판 한류에 대해 거리낌 없이 대하는 모습을 드러냈다. 평양 대동강변에 들어선 최신 편의시설인 해당화관을 이설주와 김정은이 찾은 2013년 4월 28일. 이들의 현장 방문 소식을 전하는 조선중앙TV의 저녁 뉴스를 본 북한 정보 분석관들은 낯익은 간판을 발견했다. 남한의 화장품 브랜드인 '라네즈'가 해외 명품 '로레알', '랑콤' 등과 함께 포착된 것이다.

라네즈는 아모레퍼시픽의 브랜드다. 남한산 화장품 브랜드가 북한이 김정은 시대의 최신 봉사망이라고 선전하는 해당화관에 등장한 것이다. 해당화관은 지하 1층, 지상 6층 구조에 부지 면적이 1만㎡에 이른다. 식당과 상점, 목욕탕, 물놀이장, 운동실, 강의실 등 각종 편의시설이 들어 있다.

아모레퍼시픽 측에 따르면 이 회사가 북한에 수출하는 물량은 없다. 모두가 국내 생산이라 북한에서 판매되는 화장품에도 '메이드 인 코리아Made in Korea'라는 표기가 있을 수밖에 없다는 얘기다. 북한 당국의 실수 때문인지 아니면 일부 특권층이나 평양의 주민들 사이에 선호도가 높다 보니 이를 알면서도 도입한 것인지를 놓고는 관측이 엇갈리고 있다. 북한은 남한 언론 등에 라네즈 간판 등이 보도된 직후 이를 모두 철거했다.

미 국무부의 축하 받은
김정은·이설주 커플

빅토리아 눌런드 미 국무부 대변인은 2012년 7월 25일 정례 브리핑에서 "그들이 새로 시작하는 여느 신혼부부들처럼 잘살기 바란다"고 말했다. 김정은의 부인 이설주가 북한 관영매체에 공식 등장한 데 대한 언론의 입장표명 요구에 대한 답변을 통해서다. 눌런드 대변인은 "새 북한 지도부가 개방의 길을 택해 주민에 많은 것들식량·교육을 제공하기를 바란다"는 주문도 했다.

사실 북한 관영TV로 생생하게 전달된 김정은·이설주 부부의 파격행보를 지켜본 한국과 미국 등의 정부 당국자와 전문가들은 당 간부와 주민들의 생각에 많은 변화를 가져올 수 있는 움직임이라고 평가했다. 북한 외교관 출신 탈북자인 현성일 국가안보전략연구소 박사는 한 비공개 세미나에서 "북에서는 손만 잡아도 '풍기문란이다, 비非사회주의다' 하면서 난리가 나는데 이설주가 최고지도자의 팔을 부여잡은 장면은 충격이었을 것"이라며 "군 원로와 노간부들이 뒤따르는데도 보란 듯이 팔짱을 낀 채 걷는 모습을 보면서 모두들 황당해했을 게 분명하다"고 분석했다.

전문가들은 당분간 평양에선 이설주를 막아설 수 있는 사람이 아무도 없을 것이라고 단언한다. 시댁의 막강 파워 김경희 당 비서도 굳이 "안 된다"고 할 생각은 없는 듯 보인다는 것이다. 이들 부부와 김경희는 원만한 관계를 유지하고 있는 것으로 알려지고 있다. 실제 2012년 7월 능라인민유원지 개관행사 때 돌고래 공연장 좌석에 김정은·이설주와 나란히 앉은 김경희가 이들 부부를 대견스러운 듯 바라보고 웃으며 대화하는 장면이 동영상에 그대로 드러났다. 김정은 후견인 세력 중 최고 실세들인 장성택 국방위 부위원장과 최용해 군 총정치국장은 김정은 옆에 바짝 붙어 선 이설주와 서너 걸음 떨어져 분위기를 살피는 모습이 목격됐다.

과거 소련 공산당 내부의 은밀한 권력서열을 들여다보기 위해 서방 정보기관들은 크렘린궁 최고 권력자와 특정 인물이 얼마나 가까운 거리에 서 있느냐를 따지던 크렘리놀로지Kremlinology의 관점이 필요했다. 이런 시각에서 볼 때 서열 2위는 바로 이설주라고 북한 전문가들은 입을 모은다. 김정은의 사랑이 식지 않는 한 김정일 후계권력이 자리를 잡아가면 갈수록 그녀의 입김은 더 커질 수밖에 없다는 것이다.

문제는 마치 신데렐라 같은 이설주의 모습을 북한 주민들이 어떻게 볼 것인가 하는 대목이다. 이설주를 동반하기 시작한 직후 김정은은 한동안 '놀이공원 정치'에 푹 빠졌다. 자신이 직접 발기해 만든 능라인민유원지에 대만족을 표시하며 "지방도시에도 이런 시설을 많이 만들라"고 했다. 어릴 적 위조여권으로 일본의 디즈니랜드에 다녀온 경험과 스위스 베른에서의 조기유학이 그를 서구 자본주의식 놀이공원에 집착하게 만든 듯하다는 게 정부 당국과 북한 전문가들의 분석이다. 2012년 5월 평양 만경대유희장을 찾아 "잡초 제거를 제대로 하지 않았다"며 직접 허리를 굽혀 풀을 뽑고 관리부실을 격하게 질책한 건 자신의 눈높이와 북한의 현실이 너무나 동떨어져 있는 데 따른 분노의 표시였을 수 있다는 것이다. 김정은의 이런 행보는 이후 강원도 원산에 마식령스키장을 건설하고 평양에 승마구락부를 만드는 등 북한의 경제실정과 맞지 않는 체제선전과 대형 건설 프로젝트의 추진으로 이어졌다.

이설주가 첫 등장한 2012년 여름은 북한에 수백 명의 인명피해가 발생한 수해가 일어났다. 60년 만에 닥친 봄 가뭄 끝의 재앙이었다. 그렇지만 김정은은 물론 이설주도 수해현장을 한 번도 찾지 않았다. 우리 정부나 서방국가들의 대북 시각이 싸늘할 수밖에 없는 이유다. 당시 이명박 정부의 청와대 관계자는 "이설주는 다이애나 왕세자비가 아니다"라고 말했다. 주민들의 굶주림과 재난을 무시한 채 '평양공화국'만 챙기며 군림하려는 김정은체제를 꼬집는 말이었다. 여기에는 이설주를 앞세운 북한의 '대남 미인계'에 따라 '천안함·연평도 도발의 주범'이자 대남위협의 최종 결정권자인 김정은의 실체가 가려지는 게 아닌가 하는 우려도 배어 있었다.

이설주 신드롬
서울까지 휩쓸다

신데렐라 이설주의 변신은 남한에서도 화제가 됐다. 그녀의 신상에 대한 관심은 그 시작에 불과했다. 빼어난 미모에 그녀가 입은 옷과 헤어스타일이 화제가 되고, 명품 핸드백 브랜드까지 주시의 대상이 됐다. 결국 임신 때문인 것으로 드러났지만 그녀의 뱃살까지 호사가들의 입에 오르내렸다. 인터넷에 팬클럽이 생겨날 것이란 얘기까지 나올 정도였다.

이설주에 대해 관심이 쏠리는 건 단순히 호기심이나 흥미 때문만은 아닌 듯 보였다. 그녀가 김정은체제의 변화 가능성을 상징하는 아이콘으로 떠오른 점도 작용했다. 무엇보다 얼굴을 드러내고 공개활동을 하는 것 자체가 과거와 확 달라진 점이다. 김정일의 각별한 총애를 받았던 시어머니 고영희도 생전에 한 번도 존재감을 드러낼 수 없었다. 이설주가 2005년 남한을 방문했고, 중국에 유학하며 성악을 전공한 해외파라는 점도 눈길을 끌기에 충분하다. 스위스 조기유학을 한 김정은

2005년 남한의 방문한 리설주 미녀응원단

과 함께 개혁·개방에 대한 생각이 남다르지 않을까 하는 기대감에서다. 실제 이들은 미 제국주의의 '부르주아 날라리풍'으로 비난 받던 미키마우스가 등장하는 공연을 관람했다. 평양의 놀이공원에서 돌고래 쇼에 미니 골프를 즐기는 모습은 이전 최고지도자와 다른 이미지를 보여주는 게 사실이었다.

은하수관현악단 가수시절 무대에서 북한군을 찬양하는 〈병사의 발자욱〉 같은 노래를 부르던 그녀는 북한 최고지도자의 부인이 됐다. 후계권력을 거머쥔 김정은과의 결혼은 그녀를 하루 아침에 로열패밀리 왕세자비로 만들었다. 시아버지 김정일의 급작스러운 사망은 이설주를 23살짜리 퍼스트레이디로 등극하게 했다. 그리고 '부인 이설주 동지'로 세상에 모습을 드러냈다. 음악회 관람으로 데뷔한 이설주는 군부대와 협동농장으로까지 행보를 넓히며 한동안 활발한 행동으로 자리 굳히기에 성공했다.

이설주 신드롬에 대한 비판과 경계의 목소리도 나왔다. 북한 김정은체제의 본질과는 동떨어진 이설주의 외모와 이미지, 패션스타일 등에 언론이 지나치게 몰입하고 있다는 지적이었다. 일각에서는

"이설주가 경험한 남한이 남북관계를 풀어나가는 데 촉진제가 될 수도 있다"는 주장까지 나옴과 동시에 지나친 비약이자 근거 없는 희망적 분석일 뿐이란 지적도 쏟아졌다.

'새 사모님'으로 불리다

김정은은 자신이 최고 권력자 자리에 오른 2012년 7월 일본인 후지모토 겐지를 평양으로 초청했다. 한때 '김정일의 요리사'로 일하던 그는 일본으로 돌아가 후계자 시절 김정은을 비롯해 로열패밀리의 내밀한 생활상을 책으로 쓰고, 언론 인터뷰를 통해 폭로했던 인물이다. 후지모토는 자신이 북한의 살해위협에 노출돼 있다고 주장하며 신분을 감추려 애쓰는 모습을 보이기도 했다. 김정은이 그의 방북을 받아들인 건 이런 '배신'행위를 한 후지모토에게 지도자로서 아량을 베푼다는 점을 대내외에 과시하려는 제스처와 함께 어렸을 적 함께 농구를 하는 등 친분을 쌓았던 인물에 대한 관심 때문으로 해석됐다. 자신의 어린 시절과 과거 행태를 알고 있는 후지모토를 환대해 입막음하려는 조치란 관측도 제기됐다.

후지모토를 보자마자 김정은은 '후지모토 상さん'이라 불렀다고 한다. 헌데 김정은이 후지모토에게 '상'이라고 부른 건 처음이라고 한다. 1989년 김정일의 전속 요리사가 됐을 때부터 당시 5세였던 김정은의 놀이 상대였고 함께 숨어서 담배를 피울 정도로 친해졌기

때문이라 설명이다. 2001년 북한을 등지고 일본으로 돌아온 뒤 신변위협을 느껴온 후지모토는 김정은이 자신의 이름에 '상'이라고 붙인 걸 듣고 나서야 안심이 됐다고 한다.

후지모토는 김정은과 포옹을 했다. 66세의 일본인과 28세 북한 지도자와의 11년 만의 만남이었다. 김정은에게 "배신자 후지모토가 돌아왔습니다"라고 말했다고 한다. 그러자 김정은은 "됐어, 됐어. 배신한 것은 다 잊었어. 같이 제트스키와 롤러블레이드를 타고 테니스, 농구를 한 것을 잊을 수 없다. 담배 피운 것도 잊을 수 없다. 어렸을 때부터 놀아줘서 고맙다. 앞으로 일본과 북한을 왔다 갔다 해도 좋다"고 말했다는 게 후지모토의 전언이다.

후지모토는 김정은에게 "사진을 찍어도 되느냐. 말로만 대장 동지를 만났다고 하면 아무도 믿지 않는다"고 했더니 흔쾌히 동의했다고 한다. 북한은 두 사람의 만남 내내 사진과 동영상을 찍었고 김정은은 그 가운데 8장의 사진을 건넸다.

김정은의 부인 이설주와의 만남도 이뤄졌다. 당시 옆에 있던 북측 인사가 "새 사모님"이라고 안내했다고 한다. 후지모토는 김정은이 두 번째 결혼을 한 게 아니라 김정일의 부인 고영희가 아닌 새로운 안주인이란 의미로 말한 것 같다는 설명을 했다. 이설주는 후지모토에게 "우리 국가에 잘 오셨습니다. 마음 깊이 감사합니다. 최고사령관김정은은 항상 후지모토 상에 대해 이야기했습니다"라고 말했다고 한다. 후지모토는 "이설주는 정말 멋진 사람이다. 환영회 내내 말은 많이 하지 않았다. 이설주는 두 손으로 나의 손을 잡고 악수했지만 나는 한 손만 사용했다. 너무 긴장돼 땀을 많이 흘렸기 때문에 다른 한 손은 손수건을 들고 있었다. 큰 결례를 범했다"고 말했다. 후지모토는 이설주에게 크리스챤 디올 핸드백을 선물한 것으로 알려졌다.

당시 테이블 중간에 김정은 부부가 앉았고 그 맞은편에 후지모토가, 그리고 후지모토의 왼편에는 장성택 국방위원회 부위원장이, 오른쪽엔 통역이 앉았다. 김정은은 통역을 '사쿠라'라고 불렀다고 한다.

후지모토의 방북은 김정은 측의 초청에 의해 이뤄진 것으로 알려졌다. 후지모토는 "김정은이 나를 찾는다는 것을 처음 알게 된 것은 6월 16일이었다"며, "오전 8시 30분경 일본의 한 편의점에서 낯선 사람이 다가오더니 메모를 건넸다"고 정황을 소개했다. 메모에는 '북한의 아내와 딸이 보고 싶어 한다. 그리고 또 한 사람김정은이 만나고 싶어 한다'는 글이 적혀 있었다고 한다. 후지모토는 탈북 당시 두고 온 북한 출신 아내와 딸이 있었다.

**비만설에서
임신으로**

이설주가 공개석상에 처음 모습을 드러낸 지 한 달 가까운 8월 초부터 그녀가 임신을 한 것 아니냐는 관측이 조심스레 나돌기 시작했다. 그 시작은 일부 네티즌들이 제기한 이설주 비만설이었다. 2012년 8월 초 김정은과 함께 군부대를 방문한 이설주가 의자에 앉아 군 공연을 관람하는 장면이 관영 조선중앙통신으로 공개됐는데 그녀의 배가 유난히 불러 있던 걸 두고 20대 초반의 퍼스트레이디가 너무 관리를 안 하는 것 아니냐는 지적이 일각에서 나왔다. 평양의 한 가정집을 방문한 이설주의 모습을 담은 영상자료에도 눈에 띄게 풍만해진 몸매가 드러났다. 실제 배가 부른 것이란 주장과 착시효과에 의한 것이지 특이한 변화가 있는 건 아니라는 반론이 제기되면서 관심은 증폭됐다. 이설주가 하이힐 차림이었던 것을 근거로 임신했다면 굽 높은 구두를 신고 다니지 않을 것이란 얘기도 나왔다. 일부에선 여성의 특정 신체부위를 놓고 이러쿵저러쿵 공론화하는 네티즌들에 대한 비판의 목소리도 있었다.

이후 이설주의 공개활동이 뜸해지면서 임신했을 가능성이 본격적으로 대두했다. 이설주가 9월 8일 평양민속공원 참관보도를 끝으로 20여 일간 공개활동이 없자 신변에 이상이 생긴 것이란 관측이 나왔다. 7월 초 첫 등장 이후 두 달간 김정은의 공개활동 33차례 중 17회 정도를 함께하며 활발한 활동을 벌인 그녀의 공백에 관심이 쏠렸다.

9월 29일 일본의 지지통신은 "김정은의 부인 이설주가 임신했다는 소문이 한국에서 나돌고 있다"고 보도했다. 마침 김정은의 고모 김경희 노동당 비서의 공개활동 보도가 같은 달 2일부터 끊긴 점과 맞물리면서 의혹은 증폭됐다. 김경희가 건강문제로 싱가포르에서 치료를 받기 때문이란 첩보가 나왔지만, 일부에선 임신한 이설주를 챙겨 주기 위한 것이란 관측도 제기했다.

이설주는 50일 만인 10월 30일 북한 매체에 다시 등장했다. 김정은의 모교로 알려진 김일성군사종합대학 창립 60돌을 기념해 열린 모란봉악단 공연을 관람한 것이다. 조선중앙통신에 실린 이설주의 사진은 이전과 큰 차이가 났다. 긴 베이지색 롱코트 차림으로, 얼굴은 부어오른 듯 턱선이 뭉툭해지고, 배도 불룩해져 코트 허리 부분의 리본이 제대로 여며지지 않은 상태였다. 임신 초기 여성에게서 나타나는 모습이었다. 이설주의 얼굴이 붓고 몸매를 감추는 코트를 입은 게 심상치 않다는 관측이 나왔다.

이설주의 임신이 거의 확실히 육안으로 드러난 건 그해 12월 17일 김정일 사망 1주기를 맞아 시신 안치 장소인 금수산태양궁전을 김정은과 함께 찾았을 때다. 그 날 북한의 장거리 로켓 발사 유공자를 위한 공연도 관람했는데, 한복 차림의 그녀는 배가 부른 상태여서 출산이 임박했다는 관측이 나왔다. 이후 이설주는 이듬해 1월 1일 새해맞이 행사에도 배가 부른 상태로 공개 등장했다.

그녀의 출산 사실이 확인된 건 2013년 2월 16일 김정일 생일을 맞아 평양 금수산태양궁전을 참배했을 때다. 이설주는 김정은과 함께 김정일 시신이 안치된 '영생홀'을 참배했고, 생전에 김정일이 사용하던 승용차, 열차, 보트 등의 전시물을 돌아봤다. 최용해 군 총정치국장과 장성택 국방위 부위원장·김경희 노동당 비서 부부, 현영철 총참모상 등 당과 군부 핵심 인사 26명이 농행했다. 장성택은 김정은의 좌측에 대장 군복 차림으로 자리해 핵심 측근임을 과시했다.

이설주는 검은색 양장 차림에 김일성·김정일 얼굴이 담긴 배지를 달고 나왔다. 살이 많이 빠진 모습이어서 출산을 한 것으로 결론이 났다. 한·미·일 등의 정보당국과 언론은 물론 서방에까지 김정은의 둘째아이가 출산했는지 여부와 아들일지 딸일지에 관심이 쏠렸다.

극비정보 전한
농구스타 로드맨

이설주는 뒷전에 밀려 있었다. 농구경기에 푹 빠진 김정은은 20대의 젊은 퍼스트레이디에 관심이 없는 듯 보였다. 정확히 말하면 김정은은 농구경기가 아니라 농구스타에게 온통 관심을 쏟고 있었다. '코트의 악동'이라 불린 NBA전미농구협회 선수 출신 데니스 로드맨 쪽으로 몸을 기울여 어깨가 닿을 정도의 밀착대화를 나눈 것이다. '두 악동wild child의 만남'이라 부를 만했다. 핵과 미사일로 국제사회를 불안하게 만들고 있는 29세 북한 지도자와 한때 '코트의 악동'으로 불린 52세 로드맨이기 때문이다.

2013년 2월 28일 평양 유경정주영체육관. 주민들로 꽉 들어찬 이곳에서는 미국 묘기농구단 할렘 글로브트로터스The Harlem Globetrotters와 조선체육대학 횃불팀의 혼합경기가 열리고 있었다. 김정은은 박수갈채 속에 등장한 로드맨에게 옆자리를 권했다. 테이블엔 미 자본주의의 상징인 코카콜라가 놓였다. 'USA'라고 크게 쓰인 검은색 모자를 쓴 로드맨은 선글라스를 벗지 않았다. 김정은이 스위스 유학시절 로드맨을 비롯한 NBA 선수들을 선망의 대상으로 삼았던 농구광이 아니라면 상상도 못할 일이다. 최고지도자가 된 이후에도 김정은은 코트의 바닥을 직접 만져 보고, 농구공을 능숙하게 튀겨 보는 등 농구에 대한 애착을 보여 왔다.

로드맨 옆자리에는 박명철 조선올림픽위원장이 자리했다. 헤비급 세계챔피언을 따낸 전설의 프로레슬러 역도산의 사위이자 북한 체육계의 실세를 김정은이 배석시켰다. 6자회담 단장을 지낸 미국통 김계관 외무성 제1부상도 자리했다. 권력 실세 최용해 총정치국장도 이날은 뒷줄 관중석으로 밀려났다.

북한과 미국 선수가 섞여 홍팀·백팀으로 치러진 경기는 110대 110으로 비겼다. 로드맨 일행은 김정은에게 할렘 글로브트로터스 선수복을 선물했다. 이런 장면들은 1일자 노동신문 1면 전체에 사진과 함께 실렸다. 2면 절반도 미국 농구선수 소식으로 채워졌다.

김정은은 조선올림픽위원회가 로드맨 일행을 위해 개최한 만찬에도 참석했다. 양식 코스요리에 일식 생선회도 나온 연회는 국빈급 수준이었다. 와인도 7~8종 준비됐다. 이 자리에는 현역시절 세계 최장신 2m 35cm을 기록한 북한 농구선수 출신 이명훈도 함께했다. 김정은은 "로드맨 일행이 평양을 방문해 우리 청소년들에게 훌륭한 경기를 보여줄 기회를 마련해준 데 대해 기쁘게 생각한다"고 말했다.

AP통신에 따르면 로드맨은 1일 평양 순안공항에서 출국에 앞서 "(김정은은) 신짜 대단한 친구 the guy's really awesome"라며 김정일 전 국방위원장과 김일성 전 주석을 "위대한 지도자"로 표현했다. 로드맨은 "(김정은은) 북한이 그를 좋아하는 것을, 아니 좋아하는 게 아니라 사랑하는 것을 자랑스러워한다"라고도 덧붙였다. 반면 로이터통신은 로드맨이 "(김정은은) 위대한 지도자였던 할아버지, 아버지와 같다. 대단한 녀석awesome kid이다"라며, "그는 매우 정직하고 아내를 대단히 사랑한다"고 말했다고 보도했다.

하지만 세간의 시선은 따가웠다. 뉴욕타임스는 "세계에서 가장 억압 받는 나라의 지도자와 로드맨이 나란히 앉은 사진은 미국 외교사의 가장 이상한strangest 장면"이라고 했다. 패트릭 벤트럴 미 국무부 대변인은 1일 브리핑에서 "외국인에게 호화 만찬을 대접할 돈이 있다면 북한 주민들을 위해 써야 할 것"이라고 꼬집었다.

김정은과 로드맨의 만남은 파격이었다. 김정은은 앞서 1월 평양을 방문한 에릭 슈미트 구글 회장은 만나지도 않았다. 정부 당국자는 "얼굴에 피어싱을 한 로드맨 일행의 자유분방함이 여과 없이 북한 주민들에게 전달됐을 것"이라고 말했다. 3차 핵 실험2월 12일 이후 미국을 향해 '전면 대결전'을 공언한 김정은이 로드맨 초청 카드로 화전和戰 양면전술을 구사하는 것이란 분석도 제기됐다.

방북을 마치고 돌아온 로드맨은 한·미 정보당국이 촉각을 곤두세우던 김정은 관련 핵심 정보 한 가지를 털어놓았다. 이설주가 낳은 아이가 딸이란 사실이었다. 로드맨은 2013년 3월 18일 공개된 영국 일간지 더 선과의 단독 인터뷰에서 "김정은 부부와 함께 간 연회장에서 이설주는 그들의 '예쁜 어린 딸beautiful baby daughter' 얘기만 했다"고 공개했다. 이설주는 그해 1월 1일 마지막으로 임신한 모습을 드러낸 뒤 약 45일간 잠적했다가 2월 16일에 날씬한 모습으로 다시 나타났다. 이 때문에 그녀가 그동안 출산했을 것이란 관측은 제기됐지만 딸을 낳았다는 사실이 확인되기는 처음이었다.

로드맨은 방북 뒷얘기도 말했다. 특히 그는 김정은과 만찬 뒤 함께 무도회장에서 마이클 잭슨의 디스코 음악에 맞춰 춤을 췄다고 털어놓았다. 그는 "무도회장에는 여성 밴드가 있었는데 우리는 일행과 함께 마이클 잭슨과 비지스의 음악에 맞춰 기진맥진하도록 춤을 췄다. 김정은은 1980년대 디스코를 사랑했다"고 말했다. 또 무도회장에서 김정은이 "나는 농구를 사랑하며 어렸을 때부터 매일 (로드맨의 등번호인) 91번이 새겨진 유니폼을 입고 있었다"고 말했다는 것. 실제로 몇 년 전 일본 언론은 김정은이 스위스 유학시절 91번 유니폼을 입고 농구하는 사진을 공개한 바 있다. 로드맨은 "김정은에게 (1980년대 NBA 스타인) 매직 존슨에 대해 언급했을 때 그가 누구냐고 되물었다"면서 "김정은은 존슨을 알기엔 너무 어리다"고 설명했다.

　로드맨은 김정은과 북한에 대한 자신의 견해도 밝혔다. "김정은은 핵 전쟁을 일으키기보다는 짬이 날 때마다 팝뮤직을 즐기고 미국의 스포츠 중계를 시청하며 놀기 좋아하는 젊은이다. 그가 서방에 대해 강경한 태도를 보이는 것은 그를 둘러싸고 있는 위협적인 장성들 때문"이라는 것이 로드맨의 설명이다. 끝으로 로드맨은 "나는 김정은에게 그의 궁전 화장실 변기가 금으로 돼 있는지 아닌지 말하지 않겠다고 약속했다"고 말했다.

세단보다 SUV 즐기는
젊은 부부

김정은·이설주 부부의 자유분방하고 파격적인 모습은 전용차량 이용에서도 변화를 보였다. 김일성과 김정일이 즐겨 타던 메르세데스 벤츠 세단 대신 SUV스포츠유틸리티 차량를 자주 이용하는 것이다. 북한 영상 정밀분석 등을 통해 고급형인 GL63 AMG 모델로 파악되고 있지만, 경호를 위해 방탄 기능 등을 추가한 국가원수급 주문형 제작이 이뤄졌을 것으로 당국은 판단하고 있다.

SUV 이용 모습이 우리 정보당국에 포착된 건 2012년 8월 24일 조선중앙TV가 김정은 부부의 동부전선 북한군 제4302군부대 산하 여성 해안포부대 방문을 보도하면서다. 이 부대는 김정일이 1995년 2월 방문해 "감이 익는 계절에 다시 오겠다"고 말한 뒤 약속을 지켜 '감나무 중대'란 별칭도 갖고 있다. 김정은은 SUV에 탄 채로 환호하는 군인들에게 손을 흔들어 답하며 만족스러운 듯 웃음을 보였다. 정보당국은 험한 도로에서도 주행능력이 좋은 SUV를 비포장도로가 많은 장거리 지방순시에 이용하려는 것으로 분석했다.

할아버지와 아버지가 애용하던 전용열차도 거의 이용하지 않는 것으로 드러났다. 과거 사회주의권 국가 원수들이 이웃나라를 방문할 때 열차를 이용하던 오랜 관행에서 탈피한 것이다.

이 때문에 한·미 정보당국은 고민거리가 생겼다. 첩보위성 등을 통한 북한 최고지도부의 동향 추적에 종종 공백이 생기는 일이 벌어졌기 때문이다. 김정일의 경우 중국·러시아 방문은 물론 국내 일정에도 전용열차를 이용했기 때문에 지방 일정과 평양 귀환 여부 등이 비교적 정확하게 파악됐지만 김정은은 동선 파악이 까다로워졌다는 얘기다. 김정일의 경우 평양역 인근의 특별시설에 대기 중인 전용열차의 이동을 감시하면 동선을 파악할 수 있었지만, 김정은의 경우는 한 번 놓치면 찾기가 쉽지 않다는 것이다.

김정은의 해외 방문 징후를 사전에 파악하는 데도 어려움이 따를 것으로 정보당국은 예상했다. 항공편을 이용해 평양을 출발할 경우 사전 감지가 쉽지 않다는 것이다. 과거 김정일의 경우 해외 방문 첩보가 입수되면 신의주역부터 단둥역까지 주요 열차 통과지점을 사전 체크하는 방법으로 확인이 가능했다고 한다. 한·미 정보당국은 첩보위성으로 열차 내 김정일과 고위 수행원의 동향을 파악했다. 전직 고위 정보당국자는 "과거엔 적어도 김정일이 잠을 자는지 회의를 하는지 등은 파악할 수 있었는데, 김정은이 항공기와 차량을 이용할 경우 쉽지 않을 것"이라고 말했다.

김정은 후견인 '경희 고모'

여동생에게
대장 계급장 달아준 이유는

조카들로부터 '경희 고모'로 불리는 그녀. 가냘픈 체구에도 불구하고 북한에서 가장 강력한 파워를 가진 인물로 꼽히는 김경희 노동당 비서. 김일성의 장녀인 김경희는 김정은체제의 권력기반을 다지는 데 있어 가장 강력한 후견인이다.

오빠인 김정일도 '믿을 건 피붙이뿐'이란 판단에서 김경희 등에게 절대적으로 의지해 왔다. 특히 2008년 여름 뇌졸중으로 자칫 심각한 상황에 빠질 뻔한 위기를 겪은 뒤 김정일은 김경희를 최측근으로 뒀다.

김정일이 여동생 김경희를 후견 핵심 세력으로 낙점했다는 점은 그녀에게 군 대장 칭호를 달아준 데서도 엿볼 수 있다. 김정은이 노동당 대표자회를 통해 처음 공개석상에 모습을 드러낸 2010년 9월 28일. 한·미 정보당국의 이목이 평양에 집중돼 있던 이날 새벽 1시 46분 서울의 연합뉴스는 북한 관영 조선중앙통신을 인용해 긴급기사를 언론사에 전송했다. 제목은 '북, 김정은에 대장 칭호…후계 공식화'로 짤막했다. 하지만 그 내용은 놀라웠다. 김정일이 자신의 후계자로 내정된 것으로 알려진 셋째아들 김정은에게 인민군 대장 칭호를 수여했다는 중앙통신의 27일자 보도를 인용한 것이었다. 당 대표자회가 열리는 당일 새벽에 군 대장에 김정은을 올린 것이다. 군 경험이 전무한 김정은에게 대장 칭호를 내렸다는 건 후계 권력 구축이 본격화할 것임을 예고하는 신호탄이었다.

그런데 이에 못지않게 주목받은 건 김정은과 함께 그의 고모인 김경희가 대장 칭호를 받은 것이었다. 김경희 역시 군 복무 경험이 전혀 없는 민간인이었다. 김경희·장성택 부부와 함께 현재 김정은체제의 후견 3인방 중 하나로 불리는 최용해 군 총정치국장도 이때 대장 칭호를 받았다.

김정일은 이에 앞서 매제인 장성택 챙기기에도 박차를 가했다. 그해 6월 7일 오전 평양 만수대의사당. 한국의 국회의사당에 해당하는 이곳에 김정일이 나타났다. 주석단으로 불리는 단상 위의 노동당과 군부·내각 등의 핵심 간부들이 일제히 일어나 그를 맞았다. 600여 명의 최고인민회의 대의원들이 우레와 같은 박수를 쳤다. 김정일의 눈짓에 박수는 이내 멈췄고 회의가 시작됐다.

이날 최고인민회의는 사실상 긴급회의 성격을 띠어 어떤 내용이 논의될지에 관심이 쏠렸다. 통상 연 1회 열리는 정기국회 성격의 최고인민회의를 개최 두 달 만에 다시 열었기 때문이었다. 북한은 5월 18일 관영 조선중앙통신을 통해 "최고인민회의 제12기 3차 회의를 6월 7일 평양에서 연다"고 밝혔다. 4월 9일 12기 2차 회의를 개최한 지 한 달여 만에 회의 소집을 다시 들고 나온 것이다.

북한은 이날 회의에서 총리에 최영림을 임명하고 강능수 노동당 부장 등을 새로 부총리에 선임했다. 또 경공업상과 식료일용공업상 등에 대한 인사도 했다. 하지만 핵심내용은 따로 있었다. 김정일의 매제인 장성택이 국방위원회 부위원장에 임명된 것이다. 그는 2009년 4월 열린 최고인민회의 제12기 1차 회의에서 국방위원에 임명된 지 1년 2개월 만에 국방위 부위원장 자리에 올라 명실상부한 북한의 '2인자' 자리를 굳혔다는 평가를 받았다. 북한은 12기 1차 회의에서 국방위원장을 '공화국 최고 영도자'로 적시하고, 국방위의 권한을 대폭 강화하는 내용으로 헌법을 개정했다. 이 때문에 김정은 후계체제를 구축하는 과정에서 국방위의 역할이 커질 것이란 분석이 제기됐다.

이런 상황에서 장성택이 국방위 부위원장으로 선임되자 김정일이 자신의 아들을 후계자로 옹립하기 위한 후견인으로 장성택을 선택했다는 관측이 나왔다.

남편 장성택의 사람들로 채워진
김정은 권력

장성택은 1974년 김정일의 후계구도가 북한 권력 내부에 공식화된 이후 청년세대를 동원한 사상·기술·문화 부문의 혁신운동인 3대 혁명 소조부장으로 친위그룹을 이끌었다. 또 김일성 사망 이듬해인 1995년부터 노동당 조직지도부 제1부부장으로 막강한 권력과 지위를 누리면서 김정일체제가 안정적으로 홀로서기를 하는 데 든든한 버팀목 역할을 해냈다. 중앙통신을 비롯한 북한 관영매체들이 장성택의 국방위 부위원장 선임이 "노동당 총비서이시고 국방위원장이신 위대한 영도자 김정일 동지의 제의에 따라 이뤄졌다"고 강조한 것도 김정일의 두터운 신임을 과시해 반대세력들의 준동을 막으려는 포석으로 받아들여졌다. 두 달 전 12기 2차 회의에는 참석하지 않았던 김정일이 3차 회의에 직접 모습을 보인 것도 같은 맥락이란 얘기다. 이는 국방위를 중심으로 후계문제를 뒷받침토록 하려는 김정일의 의중이 반영된 것으로 읽혀졌다. 장성택이 최고 실세로서 후계구축의 중심 역할에 설 것이란 예상도 나왔다. 장성택의 측근인 박명철 국방위 참사가 체육상을 맡는 등 장성택의 사람들이 요직에 복귀한 것도 이를 보여주고 있다는 얘기다.

김정은 후계문제가 한창 거론되면서 장성택·김경희가 후견인으로 부상하던 2010년 상반기는 북한 권력 내부의 인사에 상당한 변화가 이뤄진 시기다. 이 기간에 국방위원회와 노동당·내각의 핵심 인물 40명의 인사가 단행됐다. 북한은 1월 7일 중국 주재 북한 대사에 최병관 전 외무성 영사국장을 임명한 사실을 보도한 것을 시작으로 6월 30일 곽범기 전 내각 부총리의 함경남도 노동당 책임비서 임명까지 모두 32차례 인사를 공개했다. 북한의 주요 인사는 3월을 제외하고 매달 관영매체를 통해 보도됐다. 가장 큰 폭의 인사는 6월 7일 열린 최고인민회의에서 이뤄졌다. 당시 장성택 국방위원이 부위원장에 임명됐고, 3명의 부총리가 해임되고 6명이 새 부총리에 오르는 등 내각에 큰 변동이 있었다. 국방위 참사인 박명철이 체육상을 맡는 등 장성택의 측근이 요직을 차지한 점도 주목 받았다. 선전·선동 전문가인 강능수 전 노동당 영화부장은 1월 문화상에서 해임된 후 당 선전선동부장에 임명된 것으로 확인됐으나 2월 해임됐다. 하지만 그는 6월 내각 부총리에 임명돼 상반기 중 가장 많은 자리 이동을 한 인물로 파악됐다.

김정일의 지방 방문 영접 때 점수를 딴 것으로 알려진 김낙희

황해남도 당 책임비서와 이태남 평안남도 당 책임비서가 내각 부총리에 임명됐다. 김정일의 5월 방중을 수행했던 태종수 함경남도 당 책임비서는 노동당 총무부장에 올랐다. 김일철 국방위원 겸 인민무력부 제1부부장은 5월 '80세 고령'이란 이유로 물러났으나 한 달도 지나지 않아 81세의 최영림이 총리에 임명되는 등 고령자들의 요직 임명이 잇따라 김일철이 물러난 배경에 의문이 제기됐다. 군 총참모부 작전국장인 김명국은 알 수 없는 이유로 하루 아침에 대장에서 상장별 셋으로 강등됐다가 4월에 대장으로 복권됐다. 당 조직지도부 제1부부장인 이용철과 이제강, 당 중앙위 비서인 김중린은 상반기 중 사망한 핵심 인물이다. '당 속의 당'이라는 얘기를 듣는 조직지도부의 제1부부장 2명 사망은 김정은 후계체제 구축과정에서 새 핵심 측근의 부상을 예고했다. 정부 당국은 장성택의 국방위 부위원장 승진이나 인민보안성을 인민보안부로 개편하는 등의 조직 변화가 김정은 후계체제 기반구축을 위한 통치조직 정비 차원일 가능성에 주목했다. 또 내각 부총리와 경제 관련 부서의 인적 쇄신은 화폐개혁 후유증 수습과 민심 추스르기 성격을 띤 것으로 분석했다.

'믿을 건 가족뿐', 굳힌 김정일

김정일이 여동생 김경희·장성택 부부를 김정은의 후견인으로 낙점했다는 점은 여러 정황으로 확인할 수 있다. 장성택이 국방위 부위원장으로 등극한 2010년 상반기에 김정일의 공개활동에 가장 많이 수행한 인물은 여동생인 김경희 노동당 경공업부장이다. 이 시기는 김정일이 아들 정은을 후계자로 내정하고 그해 9월 노동당 대표자회에서 공식 데뷔시키기 위해 가장 공을 들이던 때다.

그해 초부터 6월 말까지 김정일의 공식활동은 모두 77차례였는데 김경희가 56회 함께 움직인 것으로 집계됐다. 수행 빈도 2위는 장성택으로 45차례였다. 김기남 노동당 비서가 40회, 최태복 당 비서와 현철해 국방위 국장이 25회로 뒤를 이었다. 김경희·장성택 부부가 당과 군부의 인사들을 제치고 김정일을 지근거리에서 보좌하고 있음을 보여주는 수치다. 이를 두고 김정일이 아들 김정은으로의 후계구도 구축과정에서 '믿을 건 가족뿐'이라는 생각을 굳힌 것이란 분석이 대두했다.

흥미로운 점은 국방위 부위원장 선임을 계기로 장성택이 '권력서열'에서 김경희를 앞질렀다는 것이다. 권력서열은 북한이 사용하는 표현은 아니지만 북한 관측통들이 호두 속 같이 알 수 없게 돌아가는 권력 내부의 변화를 감지하는 데 애용하는 잣대다. 각종 행사 참석자를 북한 관영매체들이 호명하는 순서나 김정일 수행원의 거명 순위에 따라 권력의 부침을 가늠할 수 있다는 점에서다.

북한 관영 조선중앙방송은 장성택의 국방위 부위원장 선출 8일 후인 6월 15일 김정일의 군부대 공연관람 사실을 전하면서 수행원 명단을 소개했다. 중앙방송은 "국방위 부위원장 장성택 동지… 노동당 부장 김경희 동지"라고 호칭했다. 이전까지 장성택은 행정부장, 김경희는 경공업부장을 맡아 노동당 전문부서의 같은 부장급이었다. 북한 관영매체들은 수행원 소개 등에서 "당 부장인 김경희, 장성택 동지" 순으로 부인인 김경희를 앞세웠다. 하지만 국방위 부위원장 선출은 이를 뒤바꿨다. 장성택에 대한 의존도가 더 높아지고 있음을 보여준 사례다. 이런 추세는 김정은 시대 들어 김경희가 노동당 비서가 되면서 다시 장성택보다 앞서 호명되는 쪽으로 뒤집혔다.

장성택의 딸, 파리 유학 중 자살한 까닭은

2006년 8월 중순 프랑스 외무성의 극동지역 담당 관리에게 북한 대표부로부터 한 통의 전화가 걸려 왔다. 파리에 체류 중이던 북한 여자 유학생 한 명이 숨졌으니 본국으로의 시신 운송 등 협조를 바란다는 것이었다. 관련 사실이 알려지지 않도록 보안을 해줬으면 한다는 입장도 프랑스 측에 전달됐다. 현장에 파견된 파리 시경 측으로부터 외무성에 특별보고가 들어왔다. '서구적 미모를 지닌 20대 동양 여성으로 자신이 머물던 고급빌라의 침실에서 변사체로 발견'이란 요지였다. 사건은 수면제 과다복용으로 인해 자살한 것으로 결론이 났다.

언뜻 보면 평범한 유학생의 자살인 것처럼 비쳐졌다. 하지만 프랑스 관계당국과 현지의 한국 정보기관 요원들은 촉각을 곤두세우고 부산히 움직였다. 숨진 여성이 그들이 특별히 주시해 오던 인물이기 때문이었다. 이름은 장금송으로 일명 '금순'으로 불리던 인물이었다. 29살의 짧은 생을 스스로 마감한 그녀는 북한 최고 권력자 김정일의 조카였다. 몇 해 전 프랑스로 건너와 유학생활을 해온 그녀는 한국과 프랑스 정보기관의 관심을 한몸에 받았다.

그러던 그녀가 급작스레 죽음을 택했다. 관계당국이 파악한 사연은 이랬다. 평양에서 대학을 마치고 프랑스로 유학 온 장금송은 북한 대표부 인근의 단독빌라에서 생활했다. 북한인 가정부와 운전사까지 달려 있는 특별한 생활이었다. 한 대학에 등록을 해두었지만 학교생활에 특별한 흥미를 갖지 못했다고 한다. 프랑스 친구들은 핵무기와 인권탄압 등으로 악명 높은 독재국가의 로열패밀리 멤버에게 쉽게 다가오지 않았다. 해외에서의 쓸쓸한 생활을 이어가던 그녀는 북한에서 온 30대 초반의 유학생과 가까워졌고 사랑에 빠졌다. 두 사람은 결혼을 전제로 본격적인 교제를 시작했고 장금송은 이런 사실을 평양의 부모에게 국제전화로 알렸다.

평양에 살고 있는 그녀의 어머니는 당시 노동당 경공업부장이던 김경희. 바로 최고 권력자 김정일의 여동생이었다. 김정일과 김경희는 김일성과 본처 김정숙 사이에 태어난 남매다. 김정숙은 두 아이를 남겨 놓은 채 해방 직후 숨졌다. 한국전쟁 당시 유엔군에 밀려 북한군이 쫓겨 갈 때 여동생을 데리고 만주에서 피난생활을 한 김성일로서는 여동생에 대한 애정이 각별할 수밖에 없다. 아버지가 1994년 7월 사망한 뒤에는 더욱 그랬다.

장금송의 아버지 장성택은 당시 노동당 중앙위원회 제1부부장을 맡고 있었다. 북한 권력 내부에서는 '장 부장'으로 통하는 핵심 실세다. 김정일 사망 이후 부자승계가 이뤄지지 않을 경우 한때 후계자가 될 것이란 서방 정보기관의 관측이 나올 정도로 영향력 있는 인물이었다. 금송은 장성택과 김경희 사이의 무남독녀로 알려져 있다. 일각에서는 다른 자녀가 있다는 주장도 제기한다. 1978년 북한에 납치됐다 8년 만에 탈출한 것으로 알려진 배우 최은희 씨는 납북 직후 김경희의 집에 초청 받았을 때 "김경희가 아들을 낳았다"는 얘기를 그녀의 측근들로부터 들은 것으로 전한다. 그렇지만 관계당국은 확인되지 않은 정보라고 판단하고 있다.

결혼을 하겠다는 장금송의 말에 대해 돌아온 부모들의 답변은 '노'였다. 사랑에 빠진 남학생의 출신성분이 문제였다. 장성택이 면밀한 뒷조사를 통해 상대의 집안이나 배경을 꼼꼼히 살펴보았을 것이란 게 우리 관계당국의 귀띔이다. 평양으로부터 곧바로 귀환하라는 엄명이 떨어졌다. 장금송은 고민에 빠졌다. 이대로 부모의 말을 듣고 돌아갔다가는 다시 만나기 힘들게 뻔했다. 장금송은 수면제 수십 알을 삼키고 잠들었고 이틀 뒤 가정부와 운전기사에 의해 발견됐다. 그녀의 유해는 프랑스 보안당국의 협조 아래 비밀리에 항공편으로 중국 베이징을 거쳐 평양으로 향했다. 로열패밀리의 핵심 중 하나인 장금송은 결국 출신성분의 벽을 넘지 못한 채 비운의 삶을 마감했다.

불같이 뜨거웠던 김경희의
러브스토리

아이러니컬하게도 장금송의 결혼에 제동을 건 그녀의 부모는 집안의 반대를 무릅쓴 결혼에 성공한 케이스다. 북한 핵심 권력층 사이에서는 그 스토리가 아직도 회자된다. 고위층 출신 여성 탈북자에 따르면 동갑내기인 장성택과 김경희는 북한 최고의 명문 김일성종합대를 나와 60년대 말 모스크바 유학생활을 함께 했다. 김경희는 호남형의 스마트한 이 엘리트 노동당 관료에게 호감을 갖게 된다. 훤칠한 키에 머리 회전이 빠른 장성택은 장래가 촉망되는 인물이었다. 이들의 사랑은 평양으로 돌아온 뒤에도 계속됐다. 아코디언 연주가 일품인 온화한 성격의 장성택에게 매료된 김경희는 괄괄한 편이었다. 먼저 프러포즈를 한 건 김경희였다고 한다. 하지만 김경희의 아버지 김일성은 두 사람의 사이를 반대했다. 그리고는 딸과 떼어 놓을 요량으로 장성택을 강원도 원산경제대학으로 전출시켜 버렸다. 하지만 불같은 성격의 김경희는 이미 사랑에 눈이 멀어버려 틈만 나면 자신의 벤츠 승용차를 몰아 원산으로 향했다. 장성택과의 원정 밀애는 끝날 줄 몰랐다. 결국 김경희는 앓아눕고 말았다. 김일성은 딸의 고집에 손을 들었고 김경희·장성택 두 사람은 26세 되던 1972년 결혼에 성공했다. 당시 노동당 선전선동부 부부장 겸 문화예술부 부부장이던 김정일은 영화 제작을 핑계로 장성택과 만났다. 김정일이 아버지에게 장성택의 사람 됨됨이가 괜찮다는 보고를 한 게 김일성의 마음을 돌리는 데 결정적 영향을 미쳤다는 주장도 있다. 김일성은 이후 장성택에게 요직을 맡기며 출세가도를 달리게 했다.

장성택과 김경희의 관계는 한때 이혼을 생각할 정도로 심각한 상황에 이르렀던 것으로 알려져 있다. 김경희는 알코올 중독으로 인해 상당한 심신장애를 겪기도 했다. 1994년 아버지 김일성의 사망 때와 추도행사에 모습을 비춘 이후로 그는 공개석상에 나타나지 않았다. 형식적으로 갖고 있던 장관급의 당 경공업부장 자리도 한동안 내놓았다가 다시 맡을 정도였다. 2006년 딸 금송이 프랑스에서 자살한 이후부터는 우울증을 겪었다. 김경희는 오빠 김정일이 건강이상에서 회복한 2008년 말 공개석상에 모습을 드러내면서 권력의 전면에 복귀했다. 이후 두 사람은 김정일 관련 행사에 함께 수행하는 등 같은 동선으로 움직이는 경우가 많아졌다. 잦은 불화로 위기를 맞았던 이들 부부를 김정일이 중재해 파경을 막도록 했다는 후문이다.

남한 폭탄주 먹고 몸 버린
장성택

장성택은 호방한 성격과 주색잡기를 좋아하는 성품 때문에 김경희의 속을 적지 않게 썩였다. 우리 측 인사들이 정상회담 등을 위해 방북하거나, 장성택이 서울을 찾았을 때도 이런 모습을 엿볼 수 있었다.

장성택은 김정일이 절대 권력을 휘두를 때 늘 2인자의 자리에 머물렀다. 처조카인 김정은 시대에 들어와서도 마찬가지다. 북한 전문가들은 장성택이 혁명화 교육 등 시련 속에서도 오뚝이처럼 다시 일어나 복권을 거듭할 수 있었던 것도 2인자로서의 자신의 위치를 잘 알고 있기 때문으로 분석한다.

이런 습성이 몸에 배인 탓인지 그는 전면에 나서는 걸 꺼렸다. 2002년 10월 26일 북한의 경제시찰단 18명에 포함돼 남한을 방문했지만 그는 단장이 아니었다. 박남기 국가계획위원회 위원장에게 완장을 넘긴 것이다. 기자들이 그에게 관심을 표하면서 질문공세를 하면 "우리 단장 선생께 물어 보라"며 피했다. 하지만 장관급 인사가 5명 포함된 대표단의 8박 9일 남한 체류기간 중 장성택은 거침없는 모습을 드러냈다. 삼성전자를 방문한 시찰단이 신용카드로 음료수를 구입하는 자동판매기에 대한 설명을 들을 때였다. 박남기 단장이 신용카드 결제에 대한 이해를 못해 엉뚱한 질문을 하며 지체하자 장성택은 짜증 섞인 목소리로 "야, 그냥 가자구 하라우"라고 외쳤다. 박남기 일행이 서둘러 발걸음을 옮기는 것을 지켜본 남측 관계자들은 장성택의 파워를 실감할 수 있었다고 한다.

장성택은 당시 시가 백만 원이 넘는 밸런타인 30년산 양주로 남한식 폭탄주를 만들어 마시고, 강남의 룸싸롱 등 유흥주점에 가보자고 하며, 자유분방한 행동으로 우리 당국자들을 놀라게 만들었다. 2005년 6월 정동영 당시 통일부 장관이 특사로 평양에 갔을 때 장성택의 안부를 묻자 김정일이 "장 부장장성택은 남조선에 가서 하도 폭탄주를 먹고 몸을 버려 잠시 쉬도록 조치했다"고 말한 것도 이런 상황을 지칭한 것이다. 과음으로 아침 참관 일정이 지체돼도 누구 하나 장성택의 방문을 두드리지 못했다. 호텔이건 식당이건 간에 장성택이 움직이면 북측 관계자들이 거의 벽에 달라붙을 듯한 자세로 길을 터주는 모습이 목격되기도 했다.

장성택은 분파행위를 했다는 이유 등으로 시련을 겪기도 했다. 2003년 12월 김정일의 명령에 따라 경제개혁조치를 이끌던 박봉주 내각 총리가 신일남 수도건설위원장에게 "평양시의 현대화 사업에 필요한 자재를 우선 공급하라"고 지시했다. 그런데 신일남이 "장성택 부부장의 승인이 필요하다"며 거부했다. 당시 김정일은 "경제문제는 박봉주와 상의하라"고 지시할 정도로 총리에게 힘을 실어줬다. 박봉주는 내각 인사들이 자신의 말보다 장성택의 의견을 추종하는 사례를 일일이 찾아내 김정일에게 직보했다. 결국 장성택은 노동당의 강도 높은 검열을 받아야 했다. 장성택은 2004년 '종파주의와 권력 남용 혐의'로 신일남 등 측근 수십 명과 함께 혁명화 교육을 가야 했다. 김정일은 이 사건 직후인 2004년 4월 군 고위 간부를 모아놓고 "지난 시기 반당혁명분자들은 다 동상이몽하는 자들이었다. 겉으로는 당의 노선과 정책을 지지하는 척하지만 속으론 반대한다. 도적고양이처럼 숨어 다니며 쏠라닥질못되게 수근거림했다. 그가 누구든 강한 투쟁을 벌여 머리를 들지 못하게 만들어야 한다"고 말했다. 장성택의 분파행위를 강도 높게 비판한 것이다.

하지만 김정일은 2006년 1월 장성택을 당 근로단체 및 수도건설부 제1부부장으로 복권시키고 파티를 성대히 열어 위로해 줬다고 한다. 이후 김정일의 현지지도를 수행하는 장성택의 모습은 몰라보게 달라졌다. 과거와 달리 김정일 앞에서 두 손을 공손히 모으고 부동자세를 취했다. 혁명화 교육의 약발이 먹힌 것이다. 하지만 시간이 지나면서 장성택은 다시 풀어지는 모습을 보였다. 당과 군부의 다른 핵심 간부들이 수첩으로 김정일의 말을 일일이 메모하고 긴장된 표정으로 주시하는 데 비해 장성택은 손을 늘어뜨리고 주목하지 않는 장면을 자주 내비치고 있다. 김정일은 건강이상으로 쓰러져 권력공백이 생긴 2008년 8월 이후 몇 개월에 걸쳐 장성택이 능력을 발휘해 원만한 위기관리를 해 나가는 모습을 보고 다시 전폭적인 신임을 하게 됐다는 게 정설이다. 장성택 복권은 부인인 김경희의 힘이 컸다고 한다. 부부관계가 원만치 않은 두 사람이었지만 오빠인 김정일을 적극 설득했다는 것이다.

장성택 조카를 사랑한 천재 피아니스트

사랑의 세레나데 한 편이 그의 운명을 송두리째 바꿔 버렸다. 짝사랑하는 여인을 위해 '제발 마음을 열어 달라'며 한 청년이 간절한 마음으로 연주한 곡은 프랑스의 팝 피아니스트 리차드 클레이더만의 〈가을의 속삭임 A comme amour〉이었다. 하지만 누군가의 밀고로 그는 하늘을 나는 새도 떨어뜨린다는 국가안전보위부에 붙잡혀 갔다. 사흘 낮밤 이어진 혹독한 고문 끝에 몇 십 장의 반성문을 써야 했다. '반동적 짜즈재즈 음악을 연주했다'는 게 죄 아닌 죄였다.

노동당이 정해준 곡이나 검열 도장이 찍힌 악보 외에 다른 음악을 연주하거나 부르는 건 허용되지 않았기 때문이다.

'탈북 천재 피아니스트'로 불리는 김철웅 백제예술대 교수의 이야기다. 그는 평양음대를 8살 때 입학했다. 그가 '천재'로 불리는 이유다. 9명을 뽑는 시험에 6,000명이 몰렸지만 그는 당당히 합격했다. 모두 16차례의 그물망식 전형이 이어지는 바늘구멍 입시를 뚫고 들어간 것이다. 비결은 "어머니의 치맛바람 때문"이었다는 게 김 교수의 설명이다. 그는 "4살 때부터 체르니와 하농이 든 피아노 가방을 들고 북한에서 내로라하는 유명 교수의 레슨을 받으러 다녔다"고 설명했다.

그의 예술 인생에 날개를 달게 해준 기회가 온 건 1994년 차이코프스키 콩쿠르였다. 이 대회에서 입선한 김철웅은 러브콜을 받았고, 이듬해 작은 여행가방 하나만 챙겨 러시아로 유학을 갔다. 4년간의 유학생활을 마치고 1999년 가을 다시 평양으로 돌아온 그에게는 미래가 보장된 자리가 기다리고 있었다. 조선국립교향악단의 수석피아니스트가 그의 몫이었다. 그의 나이 25세로 악단 사상 최연소 기록이었다. 하지만 금의환향의 달콤한 시간은 너무 짧았다. 이듬해 봄 김철웅은 삶의 궤도를 뒤엎는 문제의 '세레나데'를 연주하게 된다.

한때 장래가 촉망된다는 찬사 속에 음악가의 길을 걷던 그는 이 사건으로 결국 평양을 영원히 등져야 했다. '부르주아 황색 바람에 물들었다'는 굴레를 뒤집어쓴 예술가가 '주체의 나라'에서 설 수 있는 곳은 없었다. 김 교수는 "피아니스트가 피아노를 쳤다는 이유로 반성문을 써야 한다면 내 음악 인생은 의미가 없다고 생각했다"고 탈북을 결행하게 된 배경을 설명했다.

그가 인생을 '다 걸기'올인'의 북한식 표현'할 만큼 짝사랑했던 여인은 바로 장성택의 조카인 장미영. 김정은의 고모부이자 후계권력의 가장 강력한 후견인인 장성택 국방위 부위원장의 형 장성우2009년 사망의 막내딸이다. 장성우는 노농적위대 등 북한의 민간무력을 총괄하는 노동당 민방위부장을 지낸 군부의 실세였다. 김 교수는 "평양음악무용대 동기생이던 그녀는 나의 학창시절 로망이었다. 이젠 지나간 아픈 추억이 됐지만……"이라고 한국 망명 이후 언론 인터뷰에서 말했다.

납북 여배우 최은희가 본
김경희

김경희와 관련한 구체적인 정보는 의외로 많지 않다. 김일성의 맏딸이자 김정일의 여동생으로서 평양 권력에서 적지 않은 위상을 차지하고 있는 그였지만 좀체 외부로 드러난 게 없다. 노동당에서 오랜 기간 경공업부장을 맡고 있었지만 공개활동에 나선 적은 거의 없었다. 1994년 7월 김일성 사망 당시 시신을 참배하는 노동당과 내각·군부 등의 핵심 고위 간부들 사이에서 흐느끼는 모습이 북한 TV를 통해 공개됐을 때 외신들의 관심이 그녀에게 쏠린 것도 이런 이유에서다.

김경희가 많은 공개활동을 했지만 북한 당국이 공개를 하지 않았을 뿐이란 주장도 있다. 김정일의 장남 김정남은 2011년 3월 14일 일본 언론인 고미 요지에게 보낸 이메일에서 "저희 고모님김경희께서 부친의 현지지도를 동행하시는 데 대해서는 자연스러운 일이라고 생각합니다. 전에도 많이 동행하셨으나 공개하지 않았던 것으로 알고 있습니다"라고 밝혔다.

이런 상황에서 북한에 납치됐다 탈출한 배우 최은희는 북한에 도착한 지 열흘 안팎의 시간이 흐른 1978년 2월 초 김경희를 만났던 이야기를 수기 『내레 김정일입네다』에서 털어놓았다. 중앙당노동당 중앙위원회 대연회실에서 열린 행사 때 옆자리에 앉았던 김정일이 "최선생, 우리 동생 한번 만나 보지 않겠습니까"라고 제안하면서 만남이 이뤄졌다고 한다. 김정일은 곧바로 보좌진에게 "야, 경희한테 전화하라요. 빨리 오라고······"라고 말했고 30분 뒤 김경희가 나타났다. 통통한 체격에 160cm 정도의 키로 몸집이 좋아 보였고, 화장기 없는 둥근 얼굴에 눈은 시원스럽게 잘생긴 편이었다는 것이다. 최은희는 김경희의 남편 장성택에 대해서도 키가 후리후리한 미남형이었고 세련되었으며 여성적 이미지를 풍기기도 했다고 기억했다.

김정일의 소개가 이뤄지자 김경희·장성택 부부는 반갑게 인사를 건넸고, 김경희는 "아유, 잘 오셨지요. 몸은 건강합네까. 앓지 말라요"라고 당부했다고 한다. 연회 분위기가 무르익으면서 김정일은 최은희에게 패티김의 노래 〈이별〉을 신청곡으로 제시했고, 이어 최희준의 〈하숙생〉을 요청했다고 한다. 남한 영화와 가요 등을 꿰뚫고 있는 김정일과 그의 핵심 측근들은 이처럼 비밀파티에서는 남한노래를 부르는 일이 많았다는 게 최은희의 증언이다. 김경희·장성택 부부는 지명을 받자 김일성을 찬양하는 〈해바라기의 노래〉를 불렀다고 한다. 최은희가 이들 부부와 함께 〈수령님 밤이 퍽 깊었습니다〉를 부르자 연회는 끝이 났다.

김정일은 "경희, 오늘 밤 최 선생 모시고 동생 집에 가서 차나 한 잔 마시는 게 어때"라며 권했고, 김경희는 "그렇게 하시라요. 좋아요"라고 흔쾌히 수락했다고 한다. 새벽 3시가 넘은 시간 김정일과 그 측근들과 함께 최은희는 김경희의 집에 도착했다. 평양 시내에 있는 김경희의 집은 그리 크지 않은 단층 양옥집이었다. 7~8평쯤 돼 보이는 응접실로 안내돼 인삼차를 대접 받았다고 한다. 당시 최은희의 안내를 맡은 여성지도원 김학순은 김경희가 얼마 전 두 번째 아이를 낳았다고 귀띔해줬고 최은희는 축하인사를 건넸다고 한다. 최은희의 진술은 김경희와 대화를 나누고 그의 집까지 찾아가 머문 거의 유일한 사람의 전언이란 측면에서 지금까지 공개된 가장 구체적이고도 상세한 정보라 할 수 있다.

김경희 건강이 김정은 권력 안정의 최대변수

김정일은 자신의 아들 정은을 후계자로 낙점하면서 그 후견인으로 김경희를 꼽았다. 20대의 어리고 경험 없는 김정은에게 믿을 건 핏줄뿐이란 생각에서였던 것으로 보인다.

김경희의 건강문제는 그래서 주목 받고 있다. 그녀의 유고나 사망이 곧바로 김정은 권력의 불안이나 군부 또는 권력 내 잠재하고 있을지 모를 반대세력의 준동 가능성을 열어놓는 걸 의미한다는 점에서다.

김정일 사망 후 채 일 년이 지나지 않은 2012년 9월 김경희 건강 이상설이 처음 불거졌다. 9월 25일 열린 최고인민회의에 불참하면서다. 북한 관영 조선중앙통신이 보도한 최고인민회의 참석자 명단에 김경희가 빠졌다. 대의원인 김경희가 김정은이 참석한 회의에 불참했다는 건 건강 등 신상에 중요한 문제가 생겼다는 방증이란 점에서 김경희 신변이상설은 확산됐다. 김경희는 그해 7월 능라인민유원지 개관식 때 부관의 부축을 받고 계단을 오르내리는 모습이 포착됐다.

정보당국은 김경희의 행적을 추적한 결과 그가 병 치료를 위해 싱가포르를 방문 중인 것으로 파악했다. 최고인민회의가 열리던 시각, 그녀는 극소수의 수행원만 데리고 싱가포르에 도착해 입원치료를 받았다는 첩보였다. 김경희는 며칠 뒤인 10월 4일 베이징에서 고려항공을 이용해 북한에 돌아간 정황이 드러났고, 싱가포르 병원에서 당뇨병 등의 치료를 받은 것으로 알려졌다.

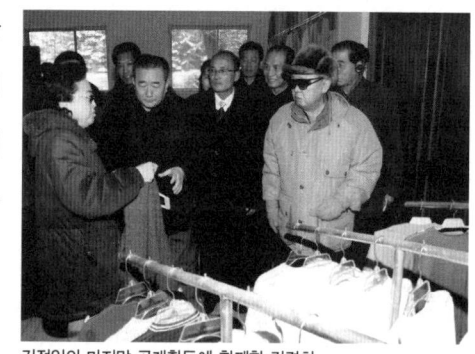

김정일의 마지막 공개활동에 함께한 김경희

고모 김경희 수렴청정 가능할까

한때 김정일의 여동생인 김경희 노동당 경공업부장이 권력의 후계자 자리를 노릴 수 있다는 분석이 제기돼 흥미를 끌기도 했다. 고이케 유리코 전 일본 방위상은 2010년 9월 16일자 홍콩 사우스차이나모닝포스트에 '준비 중인 김정일의 여동생'이라는 제목의 글을 기고해 북한의 권력승계 과정에서 김경희가 중요한 역할을 할 것으로 내다봤다. 김정일이 자신의 사후 3대 권력세습을 위해 김경희를 관리인으로 지명했을 수 있지만 김경희는 스스로 김정일 후계자가 되려는 계획을 세울 수도 있다는 것. 김정일 후계자로 유력시되는 김정은에 대해 고이케 전 방위상은 아직 어리고 경험이 부족하기 때문에 김정일처럼 절대적인 권력을 행사할 수 있을지 의문이라고 지적했다.

고이케 전 방위상은 또 그해 6월 발생한 김정은의 후견인으로 알려진 이제강 노동당 조직지도부 제1부부장의 교통사고 사망사건에 김경희가 연루돼 있다는 소문이 있다고 강조했다. 김경희가 김정일 사후에 권력을 행사하려는 의도가 있음을 드러내는 것이란 설명이다. 김정일이 유일한 혈육인 김경희에 대해 노동당 중앙위원회에서 "김경희는 곧 나 자신이므로 김경희의 말은 곧 나의 말이요, 김경희의 지시는 곧 나의 지시"라고 말할 정도로 신뢰하고 있다고 전했다. 고이케 전 방위상은 김경희나 김정은 둘 중에 누가 후계자가 되건 북한체제는 심각한 불안정 상태에 빠질 수 있다고 전망했다.

김경희의 수권 가능성에 대해 우리 정부 당국자나 전문가들은 회의적인 반응을 보였다. 고이케의 말은 김경희와 그의 남편 장성택이 어린 후계자 김정은의 후견인 역할을 할 수 있다는 의미 정도로 해석해야 한다는 것이다. 김정은이 유고 상황에 빠져 북한 후계구도가 혼란에 빠질 경우 이를 수습하고 집단지도체제 등을 고려해야 하는 극한 입장에서야 혈족인 김경희도 당연히 고려대상이 될 수 있다.

하지만 김정일과 김정은 모두 생존해 후계구도 구축에 박차를 가하고 있던 당시 상황에서 김경희의 권력 장악 가능성을 언급하는 건 맞지 않다는 얘기였다. 이런 지적은 김정일 사망 이후 김정은이 유일 후계자로서 자리를 잡아가는 과정에서 확인됐다. 다만, 2013년 12월 장성택이 노동당 중앙위원회 정치국 확대회의에서 숙청당하는 등 북한 권력내 이상 징후 때문에 김경희는 다시한번 주목받게 됐다.

평양 안방권력을 거머쥔 여걸들

행사장을
천방지축 누빈 그녀

평양 능라인민유원지 개관행사가 열린 2012년 7월 25일. 이날 행사장의 주인공은 '부인 이설주 동지'로 처음 불리며 존재감을 과시한 퍼스트레이디 이설주였다. 김정은의 팔을 부여잡고 거리낌 없이 행동하는 그녀에게 언론의 모든 관심이 쏠렸다.

하지만 서울의 정보당국자들이 주목한 또 한 명의 여성이 있었다. 조선중앙TV가 방영한 개관행사 장면에 등장한 젊은 여성이었다. 이 여성은 행사장에 도착하는 김정은·이설주 부부를 박수로 환영하는 고위 간부들과 달리 화단 위에 홀로 서서 물끄러미 지켜보기만 했다. 김경희 노동당 비서와 장성택 국방위 부위원장도 다른 간부들과 줄을 맞춰 선 뒤 부동자세를 취했지만 그녀는 따로 움직였다. 김정은이 간부들과 악수할 때 화단을 넘어 뜀박질하듯 아스팔트 광장을 가로질렀다. 김정은이 꽃다발을 받고 거수경례를 하자 재미있다는 듯 함박웃음을 터뜨리며 손뼉을 쳤다.

대북정보 관계자들은 "북한체제의 의전·경호상 도저히 있을 수

없는 일이 벌어지고 있는데도 누구도 그녀를 막지 못했다"며 추적에 나섰다. 의문은 곧 풀렸다. 그녀는 바로 김정은의 여동생 여정이었다. 2011년 12월 아버지 김정일 사망 때 검은 상복 차림으로 연신 눈물을 훔치며 오빠 뒤에서 조문객을 맞던 모습과는 확 달라져 있었다. 8개월 만에 다시 나타난 그녀는 활기찬 모습으로 변했다.

고모인 김경희가 김정일의 마지막 부인으로 알려진 김옥과 얘기하며 유원지를 둘러볼 때 여정이 함께 어울리는 장면도 있다. 군복 차림의 고위 간부와 대화하며 웃는 장면도 나왔다. 하지만 오빠 김정은이나 동갑내기 올케인 이설주와 함께한 모습은 없었다. 북한 당국은 여정이 부각되지 않게 영상을 편집했지만, 워낙 부산하게 움직이는 그녀의 동선 노출을 다 막진 못했다.

일본 아사히 신문은 8월 6일자 보도에서 "부인인 이설주와 팔짱을 끼고 미키마우스 차림의 사람들이 춤을 추는 등 이제껏 북한에서 상상하기 힘들었던 '새바람'은 여정의 작품"이라고 보도했다. 또 "여정은 조선노동당의 제1과장으로 취임해 김정은과 관련된 행사를 주관하고 있다"고도 전했다.

백마 타고 나타난 평양의 알파걸

아버지의 사망으로 공개석상에 모습을 보인 김여정은 단박에 평양에서 가장 자유분방한 인물로 꼽히게 됐다. 김정은도 그녀를 막지 못할 것으로 보인다. 능라인민유원지에서 도열한 당 간부들 사이를 휘젓고 다닐 정도였지만 어느 누구도 통제하지 못했다. 워낙 분주하게 행사장을 누빈 탓에 관영 조선중앙TV도 주민들에게 방영할 행사 장면에서 여정을 편집해 내지 못한 것으로 분석된다.

이런 김여정의 모습은 2011년 12월 김정일 추도대회 때 예고됐다. 혹한에 김정은과 당·정·군 간부들이 꼿꼿이 자리를 지키고 추도사를 듣는 도중에 여정은 화장실을 다녀오는 듯 자리를 비웠고 이리저리 두리번거렸다. 화면을 분석한 정보당국 관계자들은 "아무리 최고지도자의 여동생이라지만 어떻게 이런 일이 벌어지고 있는지 이해할 수 없다"고 입을 모을 정도였다.

그녀가 다시 공개적으로 모습을 보인 건 이듬해 11월 19일 관영 조선중앙TV를 통해서다. 중앙TV는 이날 저녁 보도에서 김정은이 북한군 제534군부대 직속 기마중대훈련장을 시찰했다고 보도했다. 그와 장성택 국방위 부위원장 등 핵심 간부들이 말을 타고 있는 사진도 내보냈다. 눈길을 끈 건 김여정이 고모 김경희와 함께 말을 타고 가는 장면이었다. 백마를 탄 여정과, 회색 말에 탄 뒤편의 김경희는 모두 활짝 웃는 모습이었다.

고모 김경희와 말을 타는 여정

그녀의 말 탄 모습을 관영통신으로 대외에 전송한 걸 놓고, 김여정을 이른바 '백두혈통'이라고 불리는 김일성 가계家係로 공식화하려는 것이란 분석도 제기됐다. 여정이 김경희와 함께 말을 탄 장면을 내보낸 건 김정일을 여동생 김경희가 마지막까지 수행하며 도운 것처럼, 김여정도 오빠 김정은의 통치활동을 보좌하는 역할을 할 것임을 암시한다는 얘기다.

김정은 후계권력 구축에 그녀가 실제 일정한 역할을 하고 있다는 관측이 제기됐다. 조선중앙통신은 "김정은이 동행한 일꾼북한에서는 간부를 지칭들에게 말을 타 보게 하고 그들의 의견도 들었다"고 보도해 김경희와 함께 김여정도 노동당 내 직책을 맡고 있을 것이란 해석을 가능케 했다.

한·미 정보당국은 첩보 등을 토대로 김여정이 노동당에서 김정은의 의전을 담당하는 '행사과장' 직을 맡고 있다는 판단을 내렸다.

오빠 그늘에 가려 주목 받지 못한 유학생활

김여정의 유학생활은 상당부분 베일에 싸여 있다. 후계구도와 관련해 이복오빠인 김정남과 친오빠 정철·정은에 초점이 맞춰지면서 관심 밖으로 밀려나 있었기 때문이라 할 수 있다. 다만 스위스에서 함께 유학한 것으로 알려져 있는 정철·정은의 사례를 통해 여정의 생활을 유추해 볼 수 있다.

초점이 모아진 곳은 스위스 베른의 리베펠트-슈타인휠슬리 공립학교다. 이곳은 김정은이 유학생활을 한 곳으로 알려진 학교다. 한국과 일본은 물론 서방 매체들의 집중 취재대상이 된 학교 측은

2009년 6월 15일 기자회견을 열었다. 이때는 김정은이 김정일의 특사 자격으로 중국을 극비리에 방문했다는 일본 아사히 신문의 보도가 나오는 등 서방 매체들이 후계문제에 촉각을 곤두세우고 있던 시점이다.

학교 측이 40분간 독일어로 진행한 회견에는 페터 브르 교장과 베른 칸톤州의 쾨니츠 게마인데區의 월리 슈투더 구청장 등이 참가했다. 6월 16일자 연합뉴스의 현지발 보도에 따르면 슈투더 구청장은 "김정일 국방위원장의 가족 이름으로 등록된 학생은 이제까지 아무도 없다"고 강조했다. 다만 "북한 외교관 자녀의 신분으로 1998년 8월부터 2000년 가을까지 북한 출신의 한 학생이 재학했다"고 밝혔다. 김정은이 신분을 숨긴 채 외교관 자녀로 학교생활을 했음을 사실상 확인해 준 것이다. 슈투더 구청장은 "이 학생은 1년간 외국어교육학생반에 있다가 6학년 때 정규반으로 옮겼으며, 그 후 7학년과 8학년을 이수하고 고등학교 단계인 9학년에도 일정 기간 재학하다가 학교를 그만뒀다"고 설명했다.

그러나 슈투더 청장은 이 북한 학생의 이름에 대해 "개인정보이므로 공개할 수 없고, 사진도 공개할 수 없다"고 말했다. 학교 측이 문제학생의 등록카드를 보관하고 있지만 개인정보이므로 공개할 수 없다는 입장이었다. 김정은의 재학 당시 수학교사였던 브르 교장이 "(다른 학생들과) 잘 어울렸으며 부지런하고 야심에 차 있었다"는 대목은 눈길을 끌 만했다. 또 "그의 취미는 농구"라고 말한 대목도 우리 당국이 파악하고 있던 내용에 부합됐다.

이날 회견은 일주일 전 일본 마이니치 신문이 김정은이 '박운'이란 가명으로 이 학교를 다녔다고 보도한 이후 관심이 증폭되면서 마련됐다. 이 학교에서 김정은의 사진을 입수했다고 밝힌 것과 관련해 슈투더 구청장은 "우리 학교에서는 그 사진을 건네준 일이 결코 없다. 일본 기자가 지난 주 학교를 찾아와 학교의 동의 없이 건물 복도에 걸린 과거 학생들의 사진을 찍어간 것으로 안다"고 말했다. 또 "그 사진 속의 학생이 누구인지는 확인해 줄 수 없으며, 그 사진을 공개할 수도 없다"고 강조했다.

브르 교장은 자신이 일본 언론과의 인터뷰에서 "김정은이 수학을 잘했다"고 밝힌 것에 대해서도 해명했다. 그는 "인터뷰를 내가 한 건 맞지만 당시 나는 이 학교에 재학했던 다른 북한 학생 한 명과 혼동했다"고 털어놨다. 다른 북한 학생의 존재에 대해 브르 교장은 "또 다른 북한 학생은 그 학생이 등록하기 1년 전부터 이 학교를 다녔다"고 말했다.

기자회견이 열리기 석 달 전에는 김정은이 스위스 유학시절 '박철'이라는 이름을 사용했다는 증언도 나왔다. 중앙일보는 2009년 3월 23일자에서 스위스 시사주간지 레브도 최근호를 인용해 청소년시절의 김정은을 지켜봤다는 교사와 학생들의 증언을 소개했다. 레브도에 따르면 농업엔지니어로서, 북한 내 '감자 심기 지원사업' 책임자였던 한스 울리히 뤼서는 1990년대 후반에 당시 15세가량이었던 김정은을 만난 적이 있다고 증언했다. 뤼서 등 증언자들에 따르면 정은은 베른국제학교 시절 겨울철에는 친구들과 알프스의 츠바이짐멘과 그린델발트에서 스키를 즐겼다고 한다. 이 학교의 론 슈워츠 체육교사는 김정은에 대해 "그는 떠날 당시 9~10학년이었다"면서 "그는 학교 농구부와 수영부 활동을 했고, 수줍고 내성적인 성격이었으나 팀워크를 형성하는 데는 강인했다"고 회고했다.

당시 베른국제학교의 교장이었던 다비드 카틀리는 김정은에 대해 "솔직한 아이였고 친구들 간의 다툼이 있을 때 적극적으로 중재하는 아이였다"고 밝혔다. 특히 "친구들 중에 미국 외교관 자녀들이 많았다"고 말해 관심을 불러일으키기도 했다. 베른국제학교 수업은 주로 영어로 진행됐으며, 김정은은 영어를 쉽게 따라잡았다는 얘기였다. 또 독일어와 프랑스어도 배웠다고 한다. 김정은은 학교 단체여행에도 적극 참가했다. 수업을 마치면 북한 대사관 번호판을 단 차량이 김정은을 태우러 왔다. 이 학교 경영진들은 "김정은의 학교 친구들은 그의 아버지가 '(북한)대사관 운전기사'인 것으로 알고 있었다"고 말했다. 아버지로 보이는 사람이 자동차 문을 열어주곤 했던 것에 대해 이상하게 생각하지 않았느냐는 지적에 대해서는 "동양의 풍습으로 생각한 것 같았다"고 설명했다. 당시 스위스 정부 당국에서조차도 김정일의 셋째아들인 김정은의 존재를 전혀 알고 있지 못했다고 한다. 김정은의 친구들 중 호기심 많은 몇몇은 그에게서 무엇인가 어색함을 느꼈다는 이야기도 소개됐다. 당시 한 일본인 학생은 정은의 아버지가 북한 최고위직 간부 정도로만 생각했다고도 말했다.

베른국제학교는 학생이 200~300명 정도인 작은 학교다. 학생 대부분이 외교관과 부잣집 자녀이며, 학비는 비싼 편이었다는 것이다. 영국의 더 타임스는 이 보도를 인용해 "김정일 위원장의 건강이 상설이 불거진 가운데 김정은이 후계자로 지목되면서 그의 학창시절에 정보기관의 관심이 집중되고 있다"고 밝혔다.

　김정일의 최측근이자 스위스 비자금 관리를 전담한 이철 스위스 주재 북한 대사도 정철을 뒷바라지하는 데만 관심을 집중했던 것으로 알려지고 있다. 이 유학생활에 여동생 여정이 함께했다. 네 살 아래인 여정은 세 아들을 둔 김정일의 유일한 딸로 각별한 사랑을 받아온 것으로 우리 정보당국은 파악하고 있다. 일본 마이니치 신문은 2009년 6월 16일자 보도에서 "유학시기는 오빠인 3남 정은 씨와 겹치며, 학교도 정은 씨가 다녔던 공립중학교에 인접해 있다"고 전했다. 두 사람이 베른에서 함께 살면서 유학생활을 한 것으로 보인다는 분석이었다.

　유학 당시 학교 재적기록에 따르면 여정은 '정순'이란 이름으로 이 초등학교에 다녔다. 이 학교에는 1988년 1월 1일에 태어난 것으로 신고돼 있었다. 북한 대사관이 입학수속을 했고, 문씨라는 여성이 통역을 했다. 여정은 1996년 4월 23일 외국인을 위한 독일어 보충학습반에 들어간 뒤 1997년 8월부터 초등학교 3학년반으로 옮겼다. 초등학교 5학년을 마친 2000년 7월까지 기록이 남아 있지만 학교를 그만둔 날짜는 비어 있었다. 여정은 초등학교 6학년 재학 중인 2000년 말 학교를 그만두고 귀국했다. 이 학교에서 교편을 잡았던 교사에 따르면 여정은 '북한 외교관의 딸'이라면서 이 학교에 다녔다. 그러나 등하굣길의 동행은 모친이 아니라 여러 명의 여성이 교대로 담당했다. 조금이라도 몸 상태가 좋지 않으면 수변에서 곧바로 병원으로 데려가는 등 보통 학생과 다른 취급을 받았다. 교사들이 과보호 아니냐 하는 생각을 할 정도였다고 한다.

오빠의
일등 보좌관을 맡다

　　김여정은 북한 관영매체 등에 한 번도 그 이름이 거론된 적이 없다. 비슷한 나이의 올케인 이설주가 신데렐라처럼 데뷔해 주민들에게는 물론 서방 언론의 관심까지 한몸에 받고 있는 것과는 차이가 난다. 그렇지만 김정은이 참여하는 주요행사마다 여정이 거의 빠짐없이 등장해 오빠의 이미지 관리와 메시지 전달 역할을 하고 있는 것으로 파악된다. 그런 모습은 조선중앙TV의 화면이나 조선중앙통신이 전송한 사진 속에서 종종 포착된다.

　　2013년 4월 25일 열린 북한군 창건 81주년 연회도 그중 하나다. 노동신문의 26일자 3면에 실린 행사 사진에는 김정은이 자리한 주탁헤드테이블의 북한식 호칭 옆 테이블에 김경희 당 비서와 함께 여정의 모습이 드러난다. 얼굴 윤곽이나 헤어스타일 등을 토대로 정보당국도 김여정으로 최종 확인하고 있다. 그녀가 권력 후견인인 김경희와 군 핵심 간부들 사이에 앉아 있다는 점에서 단순한 가족 차원이 아닌 중요한 당 사업을 하는 인물이란 얘기다.

　　오빠의 공개활동이나 이미지 연출도 그녀가 도맡아 하고 있다는 관측이다. 김정일 때와 달라진 김정은 시대의 모습 중 하나는 군부대나 공장, 기업소 방문 때 나타났다. 김정은이 감격에 겨워 눈물짓거나 팔짱을 잡고 매달리는 군인이나 주민들에게 둘러싸여 기념사진을 촬영하는 것도 그중 하나다. 서울의 북한 영상 분석전문가들 사이에는 "마치 대학 MT 사진을 연상케 한다"는 얘기가 나올 정도였다. 엄격한 질서 속에 나란히 줄을 맞춰 사진을 찍던 김정일 시대와는 확 달라진 장면이다. 이를 두고 지도자로서의 카리스마보다는 주민  들과의 스킨십을 통해 차별화된 리더십을 보여주려는 의도로 분석됐다. 주로 '신비주의' 전략을 구사하던 김정일과 달리 김정은은 주민들과 스킨십을 강화하는 장면을 자주 노출하고 이설주를 내세워 부드러운 지도자의 이미지를 강조한다는 것이다.

이 같은 연출은 과거 김기남 비서를 비롯한 노동당의 고위 간부들이 즐겨 쓰던 선전·선동 수법과는 다르다. 우리 정보당국은 이런 변화의 배경에 김정은의 여동생 여정이 자리하고 있다고 본다. 그녀가 관영매체를 통해 북한 내부뿐 아니라 한국과 서방국가에 공개되는 오빠의 공식행사 참석일정뿐 아니라 이미지 연출을 책임지고 있다는 얘기다. 김여정은 노동당 행사담당 과장으로 일하는 것으로 파악되고 있다. 노동당 내 낡은 선전술에서 벗어나 서방 유학 경험을 토대로 한 새로운 이미지 연출법이 김정은 시대 들어 본격화한 건 김여정의 손길 때문이란 것이다.

김여정이 올케인 이설주의 행사 참석이나 패션스타일, 이미지 연출까지 담당하고 있는 것이란 얘기도 나온다. 또 김여정의 역할이 점차 확대되면서 핵심 요직에 포진할 것이란 관측도 있다. 북한 전문 매체들은 "이미 노동당 내부에서는 '김여정의 눈에 들어야 김정은을 모실 수 있다'는 말이 파다하게 퍼지고 있다"고 전하고 있다.

후계구도 변수로
주목 받다

김정일의 곁을 마지막으로 지킨 여인은 김옥이다. 그녀는 한때 북한 후계권력의 향배를 가늠할 인물로 주목 받았다. 2008년 여름 김정일이 건강이상으로 쓰러지면서 그녀가 병상을 지키는 역할을 했다는 점에서였다. 병마에 시달리던 말년의 김정일과 함께 지내며 사실상 퍼스트레이디 역할을 한 점도 이런 관측을 가능케 했다. 김경희·장성택 부부와 함께 가장 주목해야 할 인물로 떠오른 것이다.

이를 상징적으로 드러낸 건 2010년 9월 28일 노동당 3차 대표자회였다. 행사 직후 김일성이 생전에 집무실로 쓰던 금수산기념궁전(이후 '금수산태양궁전'으로 개칭) 앞 광장에서 김정일이 참석자들과 기념촬영을 한 사진에 그녀가 나타난 것이다. 김옥이 김정일의 여인이 된 후 북한 관영매체에 얼굴을 드러낸 건 처음이었다.

이 장면이 노동신문 등에 실림으로써 그녀가 김정일의 곁에서 사실상 퍼스트레이디 역할을 해온 정황이 사실로 드러났다고 평가됐다. 김옥은 양장 차림에 펌을 한 헤어스타일이었다. 김옥과 김정은이 나란히 사진촬영을 위해 도열한 점으로 볼 때 고영희와 그 소생인 정철·정은·여정, 그리고 김옥이 후계문제 등으로 갈등을 겪었다는 설은 사실이 아닐 가능성이 크다는 분석이 나왔다.

후계구도의 방향타 역할을 할 것으로 관망됐던 그녀의 운명은 김정일의 갑작스러운 죽음으로 완전히 뒤바뀌었다. 장례식 후 모습을 감췄던 그녀가 포착된 건 2012년 7월 김정은·이설주 부부의 능라인민유원지 개관행사 참석 때였다. 김옥은 카메라에 잡히지 않을 정도로 멀찌감치 떨어져 김정은의 고모 김경희와 여동생 김여정과 이야기를 나누었다. 이후에는 와병설이 나돌면서 독일 베를린의 한 대학병원과 중국 베이징 병원 등에서 치료를 받는 게 목격됐다는 외신 보도가 나왔지만 구체적으로 확인되지는 않았다. 김옥도 노동당 내 직위를 내놓았고, 아버지 김효 노동당 부부장 등 가족들도 모든 보직에서 해임된 것으로 파악된다. 김정일과의 사이에 10살 안팎의 어린 아들이 있다는 소문도 있지만 확인되지는 않고 있다.

백화점 관리인이
김정일 딸로 둔갑

평양 로열패밀리의 여성 중 가장 베일에 싸여 있는 인물은 김설송이다. 김정일 국방위원장과 정부인인 김영숙 사이에 태어난 설송은 김정일 가계도에 등장하지만 그 실체를 한 번도 드러낸 적이 없다. 다른 김정일의 여자들과 달리 생모인 김영숙이 미스터리로 남아 있듯이 설송도 공개적으로 모습을 보이지 않고 있는 것이다. 정보당국도 설송의 모습을 담은 사진자료와 관련 첩보를 추적하느라 애쓰고 있지만 구체적인 사실관계 확인에는 어려움을 겪고 있다는 얘기다.

서울에서 발행되는 시사저널은 2013년 4월 김설송과 관련한 장문의 기사를 실었다. 여기에는 "현재 북한 혁명가계의 실질적인 집행자는 김설송"이란 주장과 함께 "김경희는 몸이 안 좋다. 그래서 모든 네트워크를 김설송이 다 짜고 있고, 김정은 비서 역시 그녀가 어머니처럼 안고 있다"라는 얘기를 전했다. 또 "김정일 위원장이 설송을 얼마나 사랑했는지 그리고 얼마나 많은 실권을 배치했는지 그 내용을 알면 이해할 수 있을 것"이라고 전했다.

이와 함께 그녀의 인적사항과 관련해 "1974년생, 즉 만으로 39세이고, 김일성종합대학에서 정치경제학을 전공했다는 게 정설"이라고 설명했다. 대학 졸업 직후인 1990년대 말부터 김정일 위원장의 최측근에서 호위 업무와 일정 관리 등에 깊숙하게 관여해 왔다는 얘기다. 심지어는 김정일에게 올라가는 모든 보고를 점검하는 일까지 담당해, 고영희보다 깊숙이 김정일의 일상에 관여해 왔다는 후문이다. 이런 이유로 2000년대 초반에 이미 그녀를 일컬어 '눈에 보이지 않는 실세'라는 얘기가 나왔다는 것이다.

하지만 이런 보도에 대해 국가정보원 핵심 관계자는 2013년 7월 언론의 확인 요청에 "김설송은 그런 존재가 아니다"라고 말했다. 설송이 김정일과 김영숙 사이에서 태어난 것은 맞지만 그를 둘러싼 국내외 언론 보도는 사실과 다르다는 얘기였다. 또 김정은 정권 출범 이후 오히려 입지가 더 좁아져 별다른 역할이 없는 상황이란 것이다. 이 관계자는 "김정은이 권력을 잡은 뒤 설송은 존재가 미미해졌다"며 "권력의 속성상 김정은에게 도움이 되기 어려운 이복누이가 후견 역할을 한다는 건 앞뒤가 맞지 않는다"고 말했다. 시사저널 측이 김설송이라고 공개한 김정일과의 기념촬영 사진은 평양백화점 현지지도 시 백화점 관계자와 찍은 것으로 드러났다고 한다. 김설송이라고 주장하는 문제의 여인이 김정일을 수행하며 수첩과 필기구를 들고 있는 것도 맞지 않다는 얘기다. 김정일 일가의 멤버가 다른 당 간부들처럼 지시사항을 메모하는 일은 없다는 것이다.

김정일을 기다리게 한 여인

    베일에 싸인 북한 권력 내부를 둘러싼 이야기나 소문은 종종 사실관계가 다른 것으로 드러나기도 한다. 고영희와 김정일의 관계에 대한 관심이 급격히 쏠리고 있던 2006년 7월 고영희가 쓴 자서전이 평양에서 출간됐다는 뉴스도 그중 하나였다. 당시 국내외 언론과 대북정보기관은 사실관계 파악에 촉각을 곤두세웠다.『유술柔術애국자』란 제목의 책은 유도선수 출신으로 북한 체육발전에 공헌한 아버지를 딸 고춘행이 회고하며 김정일의 은덕을 찬양하는 내용이 실려 있다. 유술은 유도의 북한식 표현이다.

    제주도 출신으로 북송 재일교포 출신인 이 책의 저자 고춘행이 고영희의 본명이란 주장이었다. 이 책에 "1973년 어느 날 밤 11시 잠자리에 들려는데 장군님이 기다리신다는 연락이 왔다"는 대목이 등장한 걸 놓고 일각에서는 김정일과 고영희의 각별한 관계를 암시

한 것이란 해석도 제기됐다. 책의 출판 배경을 놓고 고영희와 그 아들인 정철의 후계자 옹립과 밀접한 관계가 있는 것이란 관측도 나왔다.

하지만 우리 정보당국은 평양의 김정일 가계에 대해 축적해 온 비공개 파일과 내부 정보망을 가동해 고춘행과 고영희는 별개의 인물이라는 점을 확인했다. 고영희는 1999년 사망한 재일동포 고경택의 딸이라는 걸 밝혀 낸 것이다. 공교롭게도 두 여성 모두 제주도 출신 고씨인 데다 재일동포란 점 때문에 혼돈이 일어난 것으로 판명됐다. 무엇보다 절대 권력자인 김정일이 북송 재일교포 출신의 여성을 한밤중에 '기다린다'는 식으로 평양에서 책을 펴내는 건 상상도 할 수 없다는 점에서 신빙성이 없는 것으로 최종적인 정보 판단이 이뤄졌다.

평양 뒤흔든 이설주
섹스 스캔들

2013년 9월 21일자 일본 아사히 신문에는 눈길을 끄는 북한 관련 기사가 실렸다. 북한 당국이 이설주 관련 추문을 은폐하기 위해 은하수관현악단과 왕재산예술단 단원 9명을 지난 8월 공개처형했다는 내용이었다. 이들이 포르노물 제작과 관련돼 있고, 여기에 직접 출연했다는 얘기다. 문제는 이설주 관련 부분이었다. 북한의 인민보안부가 이들에 대한 수사를 하는 과정에서 도청을 했는데 '이설주도 전에는 우리와 똑같이 놀았다'는 대화내용이 감지됐다는 것이다. 김정은은 이 같은 사실이 외부에 알려지는 걸 막기 위해 8월 17일 9명을 체포했고, 재판도 거치지 않은 채 사흘 뒤 평양시 교외의 강건군관학교 연병장에서 노동당과 군부의 고위 간부, 악단 관계자 등이 지켜보는 가운데 공개 총살했다는 충격적인 내용이었다. 처형된 9명의 가족들은 정치범 수용소에 보내졌으며 두 악단은 해산됐다는 게 아사히의 보도다.

북한은 이 보도에 대해 거칠게 반응했다. 조선중앙통신은 하루 뒤인 9월 22일 문제의 기사를 거론하며 "괴뢰패당이 어용매체를 통해 우리의 최고 존엄을 비방·중상하는 모략적 악담질을 해대고 있다"고 비난했다. 이튿날에는 "함부로 우리의 최고 존엄을 걸고 '인민적 지도자의 의미 부각'이 어쩌고저쩌고 횡설수설하면서 떼지어 그 무슨 '처형'을 떠들며 하늘을 향해 주먹질하는 추태를 부렸다"고 비난했다.

북한이 김정일과 김정은이 아닌 다른 사람에 대해 '최고 존엄' 운운하며 격앙된 반발을 보인 것은 이례적이다. 입에 담기 힘들 처형설과 관련한 대목을 직접 언급한 것도 놀랍다. 사실 북한 악단과 관련한 추문설은 8월부터 제기됐다. 김정은의 내연녀라는 설이 있던 현송월 처형설까지 나와 어수선하던 차였다. 그런데 이 문제가 이설주에게까지 불똥이 튀면서 북한이 대응하지 않을 수 없게 되었다.

이설주까지 거론된 은하수관현악단 추문설이 사실인지 여부는 드러나지 않았다. 하지만 미심쩍은 정황은 속속 드러났다. 문제로 지목된 은하수관현악단의 활동은 중단됐다. 이설주도 한동안 공개활동을 중단했다. 그녀의 신변이상설이 제기되자 북한은 20여일 만에 김정은과 동행한 이설주 사진을 내보냈지

추문설 이후 재등장한 이설주

만 이후 활동은 다시 뜸해졌다. 사안이 심각한 것으로 드러날 경우 이설주는 김정은으로부터 영원히 버림 받는 운명에 처할 가능성도 배제할 수 없다. 평양의 신데렐라로 화려하게 등장한 북한 퍼스트레이디 이설주가 건재할지, 아니면 북한 정치권력사에 또 한 명의 비운의 여인으로 기록될지 지켜봐야 한다는 것이다.

이설주, 박근혜 대통령과 만날까

박근혜 대통령과 김정은 국방위 제1위원장 간의 남북정상회담이 이뤄진다면 이설주가 함께 자리할 가능성이 있다. 비록 박 대통령이 배우자가 없어 혼자 회담에 임한다 해도 북한 측에서는 부부 동반으로 나서는 게 문제가 없다는 얘기다. 김정일 국방위원장은 2000년 6월 첫 남북정상회담 때 김대중 대통령 부부를 부인

을 대동하지 않고 홀로 상대한 적이 있다. 노무현 대통령 부부와의 2007년 10월 정상회담 때도 마찬가지였다. 두 회담의 반대 장면이 다음 번 남북정상회담 때 연출될 수 있다는 것이다.

김정은은 후계자 수업과정에서 아버지 김정일로부터 박근혜 대통령에 대한 구체적인 설명과 대면 노하우를 전수받았을 것으로 보인다. 박 대통령이 미래연합 대표시절인 2002년 5월 13일, 평양 대성구역 백화원초대소에서 단독회담을 가진 적이 있기 때문이다. 당시 김정일은 "부친인 박 대통령께서 나라를 발전시킨 데 대해선 높게 평가하고 싶다"며 박 대통령에게 덕담을 했다. 김정일은 또 "1·21사건은 극단주의자들이 잘못 저지른 일이고, 미안하게 생각한다. 그 사람들은 죄를 받았다"고 말했다. 김일성이 1968년 북한 특수부대인 124군부대 소속요원 31명을 남파해 박근혜 대통령의 부친인 박정희 대통령을 살해하려 했던 도발사건에 대해 사실상의 사과를 전한 것이다. 박근혜·김정일 두 사람의 만남은 남북한 냉전 대결을 이끌었던 박정희 대통령 딸과 김일성 주석 아들의 첫 대면이란 점에서 관심을 끌었다.

이제 김정일이 떠난 자리를 아들 김정은이 대신했다. 박 대통령과 남북관계라는 파워게임을 펼쳐야 하는 상황을 맞았다. 박 대통령은 후보시절부터 "남북관계 발전을 위해서라면 북한의 지도자와도 만나겠다"며 김정은과의 만남을 피하지 않겠다는 뜻을 분명히 했고, 취임 이후에도 원칙적이지만 용의를 밝혀 왔다. 남북정상회담 가능성을 열어 놓는 언급이다.

정상회담이 성사되면 남한의 첫 여성 대통령과 북한 청년지도자의 만남이 된다. 비록 박 대통령은 미혼이지만 32년 연하인 김정은은 아들 뻘인 셈이다. 박정희 전 대통령 딸과 김일성 손자의 만남이란 상징적 의미도 있다. 김정은이 아버지인 김정일보다 할아버지 김일성의 통치술을 벤치마킹하고 있는 점도 흥미롭다. 2010년 9월 노동당 3차 대표자회를 통해 후계자로 추대되면서 공개석상에 등장한 김정은은 할아버지와 비슷한 외모로 화제를 모았다. 북한도 "수령님김일성을 그대로 빼어 닮은 분"이라고 선전한다. 30~40대 공산주의 혁명가 시절의 김일성처럼 인민복 차림에 옆머리를 짧게 민 스타일이다. 성형수술을 했다는 얘기가 나올 정도로 풍채와 얼굴이 닮았다. 여기에 김일성식 연설 스타일과 손동작 등 제스처까지 선보였다.

최고 권력자 아버지를 뒀다는 점 외에도 두 사람의 공통점은 적지 않다. 박 대통령은 대학 졸업 후 프랑스로 유학했고, 김정은은 10대에 스위스 베른공립학교에 다닌 조기유학파다. 박 대통령은 22세 때 어머니인 육영수 여사를 문세광의 총탄에 잃었고, 김정은은 20세에 생모 고영희를 유선암으로 떠나보내야 했다. 박 대통령은 육 여사가 서거한 1974년 이후 5년 넘게 퍼스트레이디 역할을 대신하며 국정 경험을 했다.

북한은 취임 이후 박근혜 대통령에게 '청와대 치맛바람' 등의 비난을 퍼부으며 길들이기를 시도했다. 2013년 봄, 핵·미사일 도발 위협을 통한 위기상황 조성과 일방적인 개성공단 가동 중단사태가 대표적이다. 하지만 박 대통령의 깐깐한 대북 접근법에 막혀 뜻을 이루지 못하자 유화 제스처를 취하고 나섰다가 다시 비난 공세를 퍼붓는 등 온탕과 냉탕을 오가는 모습을 보였다.

남북관계가 새로운 돌파구를 찾아 나가는 과정에서 정상회담의 필요성도 높아질 수 있다. 오랫동안 막혔던 양측의 현안을 최고당국자가 만나 풀어내는 방식이 효율적일 수 있다는 점에서다. 남북 정상이 의기투합한다면 3차 정상회담은 현실화할 수 있다. 이 과정에서 김정은은 퍼스트레이디 이설주를 동반함으로써 부드러운 분위기를 연출하고 한국과 서방국가들에 자신의 새로운 이미지를 구축하려 할 가능성도 배제할 수 없다.

에필로그

60여 년 북한정권의 역사는 온전히 남자들의 몫이었다. 조선민주주의인민공화국을 창업한 김일성은 모든 것을 지배자 1인에 복종시키는 수령독재를 구축했다. 그리고 장남 김정일에게 권력을 넘겼다. 절대 권력은 다시 손자인 김정은으로 이어졌다. 할아버지와 아들, 손자까지 3대에 걸친 권력세습을 이어가는 전대미문의 상황이 벌어진 것이다. 봉건왕조에서나 있을 법한 세습이었다. 그 기록은 남성 위주로 쓰였다.

평양 권력의 이면에는 수많은 여성들이 있었지만 드러나지 않았다. 카리스마 넘치는 권력의 뒤편에서 존재감 없이 숨죽이며 지내야 했기 때문이다. 최고지도자의 불꽃같은 사랑이 타오를 때 잠시 반짝이다 소멸하는 경우도 많았다. 그의 열정이 식어버리면 버림 받고 잊혀지고, 때론 몰락의 길을 걷다 비참한 운명을 맞아야 했다. 절대권력자의 사랑을 독차지하기 위한 여인들의 처절한 몸부림도 있었다. 자신의 소생을 후계자로 옹립하기 위한 투쟁은 마치 조선이나 고려 시대의 궁중 암투를 떠올리게 한다. 이 싸움에서의 패배는 곧 몰락과 죽음을 의미했다.

    김정은 시대의 등장은 우리에게 북한을 보는 새로운 패러다임을 요구한다. 개혁·개방과 세계사적인 변화의 도도한 흐름에 맞서야 하는 북한은 이제 기로에 섰다. 이제 오랫동안 잠들어 있던 평양 로열패밀리의 여성들이 움직이기 시작했다. 최고지도자 김정은을 움직이고, 북한의 파워엘리트들을 변화시킬 수도 있는 새로운 움직임이 나타나고 있는 것이다.

    김정은체제의 미래를 보려면 이제 평양 로열패밀리 여인들에게도 관심을 기울어야 한다. 그리고 그녀들의 생각을 읽고 그들의 발걸음을 주시해야 한다.